人文精品集萃丛书·时光不老系列

时光是好瞬间的定格器

《中学生博览》杂志社 选编

时代文艺出版社

图书在版编目（CIP）数据

时光是美好瞬间的定格器 / 《中学生博览》杂志社选编. -- 长春：时代文艺出版社, 2021.6
（青春美文精品集萃丛书. 时光不老系列）
ISBN 978-7-5387-6638-7

Ⅰ. ①时… Ⅱ. ①中… Ⅲ. ①作文－中小学－选集 Ⅳ. ①H194.5

中国版本图书馆CIP数据核字(2021)第068027号

时光是美好瞬间的定格器
SHIGUANG SHI MEIHAO SHUNJIAN DE DINGGEQI
《中学生博览》杂志社　选编

| 出 品 人：陈　琛 |
| 责任编辑：王　峰 |
| 装帧设计：任　奕 |
| 排版制作：隋淑凤 |

出版发行：时代文艺出版社
地　　址：长春市福祉大路5788号　龙腾国际大厦A座15层　（130118）
电　　话：0431-81629751（总编办）　　0431-81629755（发行部）
网　　址：weibo.com/tlapress（官方微博）　　sdwycbsgf.tmall.com（天猫旗舰店）
开　　本：880mm×1230mm　1/32
字　　数：135千字
印　　张：7
印　　刷：三河市嵩川印刷有限公司
版　　次：2021年6月第1版
印　　次：2021年6月第1次印刷
定　　价：36.00元

图书如有印装错误　请寄回印厂调换

编 委 会

编委会主任：刘翠玲　夏野虹　高　亮

编　　　委：宁　波　孟广丽　张春艳

　　　　　　李鹏修　苗嘉琳　姜　晶

　　　　　　王　鑫　李冬娟　王守辉

Contents 目 录

江南何处是童话

茶陌老街 / 沈黎安　002
青山街三十三号的故事 / zzy 阿狸　012
江南何处是童话 / 八　蟹　021
南山南 / 睨　沐　032

回　归

我十六岁那年 / 覃祥渝　044
当赤道留住雪花，眼泪融掉细沙 / 夏南年　058
回归 / 萧彭玮　066
祝我们的青春永垂不朽 / 平小荷　076

旧笔记本里埋藏着青春

我的高三一去不返 / 许多多　084
暗恋笔记本 / 巫小诗　088
旧笔记本里埋藏着青春 / 陈　晨　103
逆光少年 / 倩倩猪　120

她在岁月里浅笑，我在青春中奔跑

我们的青春长着风的模样 / zzy 阿狸　136
谁来陪我度过青春期的漫长岁月 / 艾　科　145
她在岁月里浅笑，我在青春中奔跑 / 李寻乐　154
日久生情不是普适定理 / 九　人　164

停在夏日最后一阵晚风里

停在夏日最后一阵晚风里 / 倩倩猪　174
在哪里遇见你 / 夏南年　181
送我一枝松红梅 / 夏一茶　192
曾为你把整片天空都看透 / 陈小艾　205

江南何处是童话

茶陌老街

沈黎安

1

路过茶树镇,第一眼看到的便是茶陌镇的新街了,幽深的老街就在新街的那一头。老街有一定的年头了,它的木雕,它的门廊都有了龙钟之态。

老街与新街隔着一条不算太窄的胡同,那儿死过人,死过流浪狗,小时候哪家小孩儿不听话大人们都会用那条阴森的胡同来吓唬他。老街街尾的那家木雕店远近闻名,店主是个白发苍苍的老人,他爱喝普洱茶,没事会哼两首黄梅小调。外婆跟我说老人是安徽人,具体哪年来的老街记不清了。店里还有两个机灵的学徒,我的那些木制玩具都是他们送的。

老街的东边有一座晚清修建的拱形桥,在老街还不是老街的时候它就已经出世了。它送走了一代又一代人,直到现世安稳,它成了老街与世无争的象征。

2

打我记事的那年起,茶陌中学就在老街了,我每天都能在家门口看见穿着蓝白色校服的中学生三五成群地走过,于是茶陌中学便成了我童年的纯真过往。酷暑天,我跟爸爸说我要快快长大,去茶陌中学读书。爸爸只会一言不发地摸摸我的羊角辫,然后递一块酥皮软糖给我吃。

老街虽老,但也有一些与时代靠拢的店铺与商店,街东与街西纷纷有了前沿的店铺和供年轻人夜夜笙歌的娱乐场所,三五天一过,那些新式商铺便涌来了众多足不出户的老街居民,他们中大多数都没有走出过老街,老街于他们便是老有所依的根。老街依旧在那儿,安静得像一潭清水。

老街只有两家超市,一家在茶陌中学对面,一家就在我家旁边。我喜欢吃店里的棉花糖,还有一些混乱放置的五颜六色的棒棒糖。夏天的时候,超市冰柜里的老冰棍儿成了街上孩子们的美好回忆,那时没有小孩子能抵挡住老冰棍儿的诱惑,轻轻咬上一口,就像亲吻了一整个夏天。

老街是南方的老街,夏天的时候日头毒,老人们就聚在斑驳的树荫下纳鞋底，下象棋。洛洛和我就是在这样的夏天里认识的。那天超市里的老冰棍儿只剩下一支，我和洛洛站在冰柜前面面相觑着，最后我们各出一半的钱买下了它，然后我们在一块树荫下用砖头把冰棍砸碎分着吃。

洛洛的爸爸是个理发师，在老街开了家理发店，价钱比其他店便宜。洛洛的妈妈是茶陌中学的老师，听说还是个大学生。小时候的洛洛衣食无忧，过着公主般的生活。直到她的爸爸突然有一天人间蒸发了，有人说是有外遇，但洛洛却对我只字未提。

3

那年，我正好七岁，爸妈准备把我送到老街边上的小学就读。爸爸在我报名的前一天买了米老鼠书包和文具盒给我，我高兴地在半人高的镜子前比画了好长时间。

老街边上的小学就在茶陌中学的不远处，中间隔着几户人家。在那儿有家老字号包子店，店主是个体形臃肿的中年人，据说他是湖南长沙人，讲着蹩脚的普通话。店里还有三四个伙计。

学校的老师来自四面八方，教我们语文的是个福建人，他的口音有着严重的地域性，于是在第一节语文课上就有个冒冒失失的男生对他进行了反驳，听同桌说那个男生叫叶小羊，是个留级生。

洛洛在隔壁班级，七岁的她留着如瀑的长发，头发披散在肩上，像一片森林。开学的那一天，她妈妈要去茶陌中学备课，所以她只好独自去报到。

学校的操场在教学楼的东边，下午放学后洛洛和我在那儿左顾右盼，走走停停。回家的路上，洛洛主动和在超市门前吃冰棍儿的叶小羊打招呼，原来他们是邻居，于是我就间接地和叶小羊成了朋友。

老街也分东街和西街，东街以针织服装生意为主，洛洛和叶小羊就住在东街，西街主要是居民区和超市，我家就在西街。在东街的路口有一个报刊亭，洛洛的妈妈经常在那儿买几本老旧的书，都是廉价买的。

4

初中时的叶小羊就已经是个天不怕地不怕的主，就这样他也在小学结业考试中侥幸及格升入茶陌中学初中部，洛洛和我也如愿以偿地去了茶陌中学。在收到录取通知书的那一天，洛洛和我去超市买冰棍儿消消暑，叶小羊推三阻四地不想跟我们同行。因为前一天他爸爸为了奖励他顺利考上初中，特地从外地买了台游戏机给他，于是生性好动的叶小羊在家玩得昏天暗地，结果因为我们抓住了他的把柄，于是那天下午叶小羊为我们埋单快埋疯了。

茶陌中学初中部不算特别大，学校的最北端有一个小型体育馆，校园的四周都种上了樱花。每到草长莺飞的春天，樱花落满了枝头，如云似霞的樱花撒落在校园的每个角落，整个校园都被描摹成一幅粉红色的简笔画。洛洛和我经常在樱花树下走过，像是赴一场与樱花有关的约会。洛洛会用手托住若霞的樱花细细地闻，那时的洛洛依旧长发飘飞，樱花树下的她亭亭玉立得像个从天边飞来的仙子。

　　叶小羊不喜欢花，他认为那是属于女孩子的东西，他喜欢运动，尝试一些刺激的事情，譬如逃课逃学，去操场打球之类的。初二那年的春天，叶小羊没事就爱往樱花林跑，而且一待就是一下午，像中了毒似的。后来我们才知道原来是叶小羊看上了某班的班花，并且还是一见钟情，由于那个女生对樱花爱不释手，叶小羊没事就会去樱花林转转。

　　老街的秋天像一杯温和醇厚的桂花酒，它沉睡在落日西沉的宁静时刻里，等到了夜阑人静的时候，各家各户的灯光照亮它苍老的脸庞。叶小羊在老街的树下大言不惭地对我们说，他要那个女生成为他的第一任女朋友，那时洛洛和我两个人就在那儿笑了老半天。

　　"叶小羊，你是不是吃错药了，胡言乱语的。"我捂着肚子，身体半蜷着。

　　"我好着呢，再说了，一切皆有可能。"叶小羊趾高气扬地说，他以为追求女生就像玩游戏通关一样，虽然要历经九九八十一难但是一定会马到成功。

"人家可是茶陌中学高中部内定的尖子生，重点大学苗子，你觉得她可能爱上一个弃学厌学的人吗？"我冷嘲热讽着，很显然收到了成效，叶小羊哑然失语了。

老街的傍晚是禅寂的，房屋锥体般斜长的影子匍匐在错落的楼阁间，路两旁的法国梧桐伸开光洁的枝丫，此起彼伏的叫卖声在那一刻归于湮灭。

叶小羊努努嘴，转身离开时说他一定会考上茶陌中学高中部的。

初三一整年叶小羊努力付出了多少只有他自己知道，他为了考上茶陌中学高中部忍痛戒掉了游戏，并且很少去打篮球，他利用好每节课，忍气吞声地向那些讨厌他的人请教。他像着了魔似的，心甘情愿地被年少的那份纯真所支配。爱情的力量真是伟大，它能把叛逆少年叶小羊改造成一个孜孜不倦的好学生。

中考前的叶小羊消瘦了不少，成天抱着书本进进出出。洛洛忧心忡忡地对我说她很担心叶小羊是不是得了什么精神疾病，只不过她的担心在中考后便成了杞人忧天。

中考后的叶小羊像匹脱缰的野马，听叶妈妈说叶小羊在家里玩了一天的游戏，而且还是和一个茶陌中学高中部的男生狼狈为奸的。

叶小羊的家是栋两上两下的楼房，这些年叶小羊的爸爸走南闯北也赚了不少钱。叶小羊念初一那年，他家就从租赁的房子里搬了出来,但新住处还是在东街。洛洛和我上楼去找叶小羊兴师问罪的时候,我们第一眼看见的是乱成一团的房间,第二眼看见的便是喋喋不休的叶小羊,还有那个安静的茶陌中学高中部的男生。

那个男生名叫舒航,家住在茶树镇,是叶小羊的一年级同学,听叶小羊说他是重点班的尖子生。舒航是典型的知识分子家庭走出来的孩子,他的父母都受过高等教育而且都任教于茶树镇高中。

5

在那个烈日炎炎的夏天里,洛洛和我顺利考入茶陌高中,叶小羊再次被幸运女神眷顾,他以高分数线一分的成绩被茶陌中学高中部录取。当天晚上叶小羊在家通宵达旦地玩游戏,叶小羊的妈妈就在隔壁的房间里为叶小羊收拾行李,因为第二天叶小羊就要去他爸爸那里做暑假工。叶小羊临走时对洛洛和我说等他腰缠万贯回来肯定请我们吃山珍海味。

老街木雕店的老店主身体抱恙回家静养去了,店面由新来的两个学徒打理。洛洛和我在漫长的暑假里隔三岔五地会去木雕店帮把手,洛洛的妈妈给初中部的学生补课,早上七点出门,晚上五点就回家了。

木雕店也有了些许的变化,靠门的那座玉麒麟雕现在搁在了里屋,店内的木雕大多以静物为主。两个学徒一个来自浙江,一个来自江西,他们来老街有一年多的光景了,刚来的时候人生地不熟,工作也没着落,最后他们不约而同地去了老街。

老街的最东边的荒地旁有一片姹紫嫣红的花海,这是在木雕店帮忙时那两个学徒告诉我们的。洛洛迫不及待地拉着我穿过老街狭长的街道,走过泥泞的土路,迎面而来的就是那个寸草不生的荒地,也许旁边就是那片梦境般存在的花海了。爱花如痴的洛洛不管不顾地冲了过去,像哥伦布发现新大陆一般。那儿有各种各样的花儿,据说是茶树镇的花农承包下来的。

老街的阳光性子温和了些的时候,叶小羊拎着大包小包从外地回来了,他换了个新潮的发型,人也变结实了,就连行头也换成了一身名牌运动服。只不过他答应洛洛和我的大餐却没有兑现。

老街新开了家阿迪达斯专卖店的时候,洛洛和我已经上高二了。那时的叶小羊不学无术,成天往游戏机室钻,要不就是和别的学校的人聚众打架。洛洛偶尔会送早餐给只知道吃喝玩乐,不求上进的叶小羊,而当时连笨蛋都能看得出来洛洛的一片真心,只有叶小羊蒙在鼓里。

6

高二的下半年，叶小羊终于辍学了，他决定告别与世无争的老街以及相识十年的我们，准备追随他老爸的身影去更远的地方打拼。临行前，叶小羊还是在老街的树下豪言壮语着，洛洛自始至终默不作声，我站在一旁和叶小羊讲着无关痛痒的话，最后叶小羊允诺我们那顿大餐他一定会在我们高考后的那个夏天兑现。

老街的树更加老了，夏天的时候冰柜里像变魔术一样会变出许多老冰棍儿的那个超市关门了，洛洛和我在那样风平浪静的日子里热火朝天地复习着。

舒航在那一年考上了北京的一所大学，他并没有像叶小羊那样急不可待地离开自己的家乡，他说他想在茶树镇多待一会儿。于是舒航就在那个暑假里成了我们的半个老师，并且是不收费的，偶尔他会和我们逛逛古朴的老街以及那片花海。

那年的冬天，身处异乡的叶小羊传来了噩耗，听叶小羊家的邻居说是叶小羊在外地为救人而溺水身亡。叶小羊出事的当天，他的妈妈就离开了老街，叶家一下子就人去楼空了。得知叶小羊出事的洛洛一整天都魂不守舍，终于晚自习后她在叶小羊经常空发壮志的那棵树下趴在我的怀里号啕不止，嘴里呜呜咽咽地说着："为什么他要救那个毫不相干的人？为什么他会和我爸一样？"我用手拍拍她的背，自己也不争气地哭了。

夜晚的老街静静的，像一个剔除了噪音与纷扰的清净之地，不知道那个叫叶小羊的少年是否记得回老街的路。

高考后的那个暑假，我和洛洛结伴去外地旅游，我们去了很多地方，当然也去了叶小羊曾经待过的那座城市。收到录取通知书的那天，我和洛洛在回老街的路上。我考上了武汉的一所大学，而洛洛则要去上海。

在我去武汉的前一天，洛洛陪我去买老冰棍儿吃，但找了好多家都没有找到，最终我们只好选择买昂贵的哈根达斯吃，我们站在老街的树下吃，但始终吃不出童年老冰棍儿的味道。洛洛吃着吃着就哭了，她说她舍不得我，我说不许哭，我又不是去了回不来了，只不过过了几秒我也哭了，而且哭得很伤心。

第二天是爸妈送我去车站的，洛洛在我上车的前几分钟到了车站。我们拥抱在一起，然后我转头上车的时候，洛洛情不自禁地哭了起来。她跟我招招手，对我大声地喊着在外面照顾好自己，然后我就坐上了火车，离开了那座城市，离开了老街。

第二年的夏天，老街木雕店的老店主因病去世，新来的两个学徒各奔东西，洛洛父亲先前开理发店租用的房子被新来的一对夫妇租用，他们也是开了理发店。可是我再也没有吃过老街的老冰棍儿，再也没有遇到那个叫叶小羊的追风少年。

青山街三十三号的故事

zzy阿狸

1

如果有人问这辈子遇到过最奇葩的面试是什么，估计我的回答能拿到最多的赞。

去年的暑假骄阳似火，我在离家一千多公里的一个小县城晃悠，信心满满地想要凭借劳动致富。但一周过去了，我的钱包只剩下几块钱，连一辆三轮车都叫不起的我更别说回家了。眼看着快要饿死街头，我不得不将就地去青山街33号的一家小饭店应聘服务员。

我发誓当年参加高考都没面试时那么紧张。

我紧张得快要把衣角给磨破了，脑袋飞速运转，一边总结这几天面试失败的经验教训一边准备着接下来有可能出现的各种提问。

"我养狗，你怕狗不？"

"啊？"

"我问你怕不怕狗。"

我大吃一惊，开什么玩笑，狗可是我的天敌啊，小时候没少被隔壁大爷家的狗追着跑，从那时候起我和狗就有了不共戴天之仇。

"怎么可能怕狗，"我微微一笑，"狗狗那么可爱。"

老板娘满意地点点头，了解一些基本情况后竟然爽快地录用了我，工资月结，管吃管住。幸福来得太突然，以至于第一天晚上我躺在员工宿舍高兴得睡不着，傻乐着自言自语。

万籁俱寂，我听见楼下传来一两声狗吠与我遥相呼应。我心里想着老板娘养的狗真有灵性，未见其狗先闻其声，竟然有些迫不及待想与它好好玩耍。

2

老板娘二十出头，高中毕业好几年了，附近的人都喊她小美姐。小美姐笑起来眉眼弯弯，待人温柔，扎着简单的马尾显得青春活力。

按理说这样的姑娘应该养一只可爱的泰迪，有事没事领着它出去溜达，画面多美好。但后来我才知道她养的是中华田园犬，俗称土狗，外号发财。

发财的眼睛黑溜溜的，整天躺在饭店里打瞌睡，但动作极其迅速，遇着看不顺眼的人上前就是一顿乱吠，因此还赶走了好几个客人。但小美姐从不恼火，只是唤它过来轻声训了几句便作罢，要是换作是我上菜速度慢而导致客人离席，她那恶狠狠的眼神简直都能杀死人。

但我想不明白为什么发财朝我吠。

第一次见面的时候，它向我一步步逼近，满嘴的利齿吓得我脑袋瞬间空白，我几乎想要夺门而出，但钱包告诉我不能这样做。

于是我蹲了下来，颤抖着摸了摸它的头。

老板娘眯起了眼睛笑着说："很好，厨子都不敢和它亲近呢，以后你来负责它的饮食吧。"

发财在饭店里的地位比我高，每顿都有肉吃，上班时间还能出门溜达溜达晒太阳。我想不通，凭啥它有这么好的待遇，不就是一只土狗吗？

小饭店的生意一般，闲下来的时候店里只剩下我和发财大眼瞪小眼，而小美姐经常在算账，喃喃自语。

饭店就像一个迷你版的社会，简单的一顿饭里藏着各自携带的故事。满桌的饭菜几乎没动只是一个劲儿喝酒的大叔，可能是因为工作不顺心才来借酒浇愁；一边琢磨着菜单一边在心里打着小算盘的小夫妻，估计是新婚不久生活费拮据;为着一元一包的纸巾而抱怨的中年妇女,一看就是正值更年期;还有三三两两不停地抱怨学校的高中生,他们正在挥霍着最好的时光……

在这些人里,我最感兴趣的是那些稚气未脱的高中生。我若无其事地偷听他们的对话,其实说的无非是考试卷子太难,班主任蛮不讲理,计划着考完试后去哪里玩这些琐事,但于我而言却有着难以抗拒的魅力。

有一次听着听着走了神,客人招手示意埋单我都没发现,发财一个箭步上前对我一顿怒吼,把我吓了个半死。

这只土狗真让人讨厌!

3

有天下午店里来了一个男人,进门的时候我看见小美姐的脸色有点儿不对劲儿。

当我下单后,平时一向慵懒的发财突然从桌底钻了出来,一个劲儿朝男人摇尾巴。真奇怪,我来了这么久第一次看见发财摇尾巴。

发财摇了摇尾巴后,凑过去亲热地舔起了男人的鞋,男人脸上有愠色,我赶紧上前把发财抱走,没走几步,发财使劲儿从我的怀里挣脱,继续凑过去和他亲热。

男人的眼里冒出一团怒火,用力一脚把发财踹开,发财站得不够稳,这一脚把它踹得老远,重重地摔在地上发出"砰"的一声响。

男人气得跺脚,朝着发财破口大骂:"你这只野狗!"

我激动地喊了一声:"发财!"

男人像忽然想起来了什么,惊讶得说不出话。

发财呆呆地望着他,努力支撑起身体试图再次向男人靠去,这时候小美姐像发了疯似的冲过去抱起发财,背对着那个男人声嘶力竭地说:"你给我滚!"

那天暂停营业,我和小美姐一起把发财送去宠物医院。在手术室外等待的时候,小美姐和我讲了一个故事。

本地的一所大学里有一对小情侣,有一天男孩儿领养了一只流浪狗,但学校严禁携带宠物回宿舍,于是他们把小狗的窝建在单车棚里。大学四年男孩儿几乎把这辈子所有的情话都对女孩儿说了,还把小狗取名为发财,希望毕业后能发大财让女孩儿过上幸福的生活。但情话有多动听,生活就有多残酷。财还没发,男孩儿就和女孩儿提分手了,毕业后他留在本市工作,女孩儿去了上海,而那条小狗被留在了单车棚。女孩儿不忍心遗弃它,便领了回家。

那个女孩儿是小美姐的表姐,由于没办法把发财带去上海,于是把它寄养在饭店里,这一寄养就是好几年。

他们都忘记了发财,但发财还记着主人身上熟悉的味道,即使时隔多年,还是能准确无误地辨认出主人,即使被踹了好几脚还是忍不住亲近。

它比谁都忠诚,但最后落得的结局比谁都要难堪。值得吗?我问小美姐,小美姐不说话,眼泪在眼睛里不断地打转。

4

发财出院后还是像往日那样威风凛凛,遇着看不顺眼的人上前就是一顿乱吠,但是再也没有向我吠了。它一改常态,经常含情脉脉地望着我,搞得我怪不好意思的。

小美姐和我的相处也发生了微妙的变化,她开始和我分享她的生活。清晨她会带上我一块去菜市场采集食材,打烊时还亲自下厨露两手,像个大姐姐一样无微不至地照顾我。

不过最令我伤心的是工资依然没有涨。

有天她突然递给我几本很厚的书,语重心长地对我说年轻人应该少看手机多看书。我打开一看,是高考近三年的模拟,我快要笑岔气了,问她干吗给我这个,她不回答,脸上写着"你懂的"三个大字。

我笑着笑着,眼眶都红了。

午后的阳光把小饭店染成了暖色调,她逆着光背对着我的时候,像一个自带光芒的天使。

5

8月31日那天我领了工资，当我美滋滋地数钱的时候发现人民币里夹着一张火车票，起点是本市，终点是我身份证的所在地。

小美姐摸了摸我的头说："小屁孩儿，快开学了赶紧回去吧。高考失败一次有啥，不敢重来的人生多没劲啊！"

我一时语噎，支支吾吾地问她怎么知道的，因为我从没向她说起这些。

她翻了个大大的白眼："不是说了晚上十二点要关灯吗，谁让你把灯开得那么晚。有天晚上我上厕所时发现你房间里还亮着灯，刚想过去把你骂一顿，却瞧见你看书看得入迷，旁边还搁着一堆复习资料，我就知道是怎么回事了。"

我摆摆手急忙地说："小美姐，我还想在这儿打工，你能不能别赶我走。再说了你不也没念大学吗，还不是照样过得很好。"

"不一样的，"小美姐的眼神忽然黯淡下来，"虽然念大学不能保证你有一份体面的工作不能保证你大富大贵，但总会让你有所收获。丰富多彩的社团生活、积累下来的人际关系、难忘的宿舍时光等，你有大把时间去经历去感受，而这些都是你一辈子的财富。"

我很没种地哭了。

6

离开的那天,小美姐给我收拾好了行李,领着发财一块送我去火车站。站台上人声鼎沸,她轻轻拥抱了我祝我一路顺风,而发财只是低着头摇着尾巴不看我。

算了,它不咬我就谢天谢地了。

火车开动了,发财竟然迈开腿追着火车跑了起来。

它竭尽全力地跑,我的眼泪哗啦啦地流了下来,我拼命摇头示意它别追了,但它似乎有花不完的力气。

再见啦,小美姐。

再见啦,发财,请你一定要保佑她发大财。

回去后,我用赚来的钱交了学费,还在学校附近租了间房子。房子很简陋,比小美姐那儿的宿舍还要差,但这些都不重要,毕竟也不是来享福的。

现在我终于可以光明正大地开着灯学习,却再也听不到楼下发财传来一两声狗吠了。

偶尔我会收到小美姐寄来的快递,里面全是些我爱吃的零食。我打电话告诉她让她别寄了,但她还是坚持寄,她说:"因为你身上有我当年的影子,我曾经亏待了她,欠了她一个大学梦,所以我想对你好点儿,这样我心里也会好受些。"

我曾经不敢面对的高四,在小美姐还有发财的陪伴下并没有那么难熬,虽然他们不在我身边,但给我的温暖却实实在在。

7

高考我考得不错,一年来的努力没有白费。难以相信小时候怕狗怕得要命的我居然报考了某所一本学校的兽医专业。

可能是因为发财吧,这只威风凛凛的中华田园犬治好了我的恐惧症。

国庆假期我再次坐火车去找小美姐,沿途的风景和去年差不多,但却有着完全不同的感觉。她还在经营着小饭店,发财依然尽忠职守地看店,遇着看不顺眼的人上前就是一顿乱吠,但见着我还是会一个劲儿地摇尾巴。

一年过去了,这里的一切都能与记忆的碎片对上号,但是多了几分说不上来的柔和。

我想这一年里我最大的收获不是那一纸通知书,而是这一份奇妙的经历。阿甘说得对,生活就像一盒巧克力,你永远也不知道你拿到的下一颗是什么。但你不能因为它的苦涩而拒绝,因为苦的甜的都是生活的一部分。

而漂亮的小美姐,高大威猛的发财,都是生命给我最惊喜的馈赠。

站在宿舍的阳台怀念他们时我会明显感觉到凉意,风钻进我单薄的衬衫里,我想这个冬天的故事又要开始了。

江南何处是童话

八 蟹

1

我叫念桐花。

之所以叫桐花是因为我出生的那一天家院子里那棵年代久远的桐树居然开出了一朵蓝色的桐花。父母认为是吉兆,便为我起名"桐花"。

我常常坐在大桐树底下写作业或是看书。看安徒生的童话书。童话,桐花,我觉得这两个词发音像极了。

妈妈在里屋喊我去巷口买瓶酱油回来,我蹦跳着进去拿了钱又蹦跳着出了家门。厨房上方飘出白色的炊烟,袅袅。

我并没有带回酱油。酱油变成了一只蓝色的小鱼气球，被我牵在手上，飘在半空中。妈妈站在我面前，手插着腰，微微弯下身问我，怎么回事？

我在靠近巷口的杂货店时看见了不远处一个老爷爷在卖气球。他很年老，身上的衣服虽然整洁也明显穿了有些年头了。些许驼背。没有人买他的气球。背影看起来很是孤独。

我买下了一只蓝色的小鱼气球。他将手中的线递给我，慈祥地笑着对我说："抓紧咯，别让它飞走了。"

妈妈没有责备我，而是摸了摸我的头。那天晚上的鱼没有酱油少了些味道，我们却吃得十分香。蓝色小鱼被我系在桐树的枝干上，从房间窗户看出去可以看见桐树。睡前就看着那条小鱼在深色的夜空中游来游去。

我帮老师把作业搬到办公室去，下楼梯时作业本不小心撒了一整条楼梯。我边往下走边捡，发现有个男生边往上走边帮我捡本子。我们很靠近的时候他便把手中的本子递给我。我抬头看他的样子。平头，穿着很质朴的白色粗布衬衫，大眼睛，炯炯有神。我接过，对他说谢谢。说完便要走，他却突然叫住了我。

我很吃惊他知道我的名字，回过头看他。他眼神向下了一秒，而后又抬眼看我，很认真地说："你记得几年前你买过一只蓝色气球吗。"我嘴巴微张，点了点头。他说："谢谢你。"我有些不解。他又说："卖气球的是我爷爷。"说完他就转身走了。这次是我叫住了他。我说：

"你叫什么名字？"

他站在楼梯口，手放在扶梯上，回头看我。

"我叫顾小川。"

2

当你不认识一个人，你便很难在人海里发现他。当你认识了一个人，你就会发现，小小的校园里常常能看见他。

升旗时，在无意地四周环顾时就这样看见了顾小川。他站在那里，不与周围的人打闹，仰着头看着飘动的红旗，眼神坚定，嘴角似有倔强意味。

放学回家时也这样巧地遇见了顾小川。拍他的肩膀，他回头看见满眼笑意的我有些吃惊。我问他，他爷爷还在卖气球吗，他说偶尔还是会出来，但次数很少了。"爷爷老了。"他低着头，踢掉脚下的小石子儿，石子儿一咕噜滚到了前方。我跑到前面继续踢那个石子儿，然后回过头对顾小川说："我想去看看你爷爷，可以吗？"

顾小川手指微曲了一下，说："下次吧。"他和我说再见，跑进了一条巷子里。

我再碰见顾小川是离学校有些距离的街道上，行人寥寥。大中午的，他在路边捡空瓶、空罐子。我站在不远处突然不知道自己该不该走过去。咬了咬牙还是向他走去。

他看见我,脸一下就塌下来了。男孩子自尊心强,别过头继续走,并不理我,仿佛我不存在。我却一路跟着他,帮他一起捡瓶子。

"念桐花,你要干吗?很脏,你别捡了。"他嘶哑着嗓子对我说,眉头紧皱。"我不嫌脏。"我一脸轻松的样子。他突然叹了口气。

我们就坐在街边的地上靠着墙休息。顾小川家里只有他和爷爷。必须帮爷爷分担,这是顾小川不得不出来捡瓶瓶罐罐的原因。他也不愿意因为困难而放弃学业。顾小川的成绩很好,当我知道原来这世界还有这么一个人存在时,我才在红榜上注意到名列前茅的顾小川的名字。

"虽然生活困难,但至少还是能吃饱穿暖。我还有爷爷。"顾小川用手擦了擦额头的汗,眼睛并不看我,而是眺望着远方,似乎看见明媚的未来,他的嘴角微微上扬。

3

因为同情,所以我帮他一起捡瓶子。但并不是因为同情才坚持和他当朋友。我喜欢他身上美好的品质。他家境困苦却不向生活低头,不因贫穷放弃学业,努力帮家庭分担。坚韧,坚强。许多年后我向别人说起顾小川时就是这样来叙述的。

我跟着顾小川的脚步来到了他的家。院子里，爷爷在劈柴。看见顾小川，爷爷笑起来，放下手中的活去洗了个手。顾小川向他介绍："爷爷，这是我的好朋友，叫念桐花。"听到他说我是他的好朋友，心里很是满足。我笑得很开心，说："爷爷好。"爷爷慈祥地摸了摸我的头。

我和爷爷说起我曾经在他手中买过气球。他用旧旧的碗盛了水给我，笑着说："是吗，买过的人太多了，都想不起来啦。"

我双手捧着碗喝水，清清凉凉的。

顾小川的家不大，家具很简陋，但是可以见到打扫得干干净净的。

和爷爷闲聊，顾小川在旁边静静地听。三个人坐在树下的小板凳上度过了一个惬意的黄昏。

4

我邀请顾小川来我家里玩，他很礼貌，但有些拘谨。我们在一个餐桌上吃饭，说到了书，父亲和他都来了兴致，两个人竟然大聊起来。父亲爱读书，而顾小川虽然买不起书，却常常去岛上最大图书馆借书看。一顿饭下来，父亲显然很喜欢顾小川。

我和顾小川在屋顶一起看星星。漫天的繁星，漂亮极了。我转过头看顾小川，他的眼睛里仿佛也有星星，一闪一闪的。他突然转过头问我："桐花你有愿望吗？"

我笑着说有啊。他好奇地问是什么。我说："我想改名字。"

我想把名字改成童话。虽然桐花和童话发音很像，但是童话的寓意比桐花好太多了。我很喜欢童话故事，也愿意相信这世界上真的会有那样美好的故事发生。

我反问他："你呢？"

"愿望的话，我希望爷爷能健健康康长命百岁，我好好读书将来赚很多钱让爷爷享福。"他看着星星，嘴角笑着，眼眶却湿了。他背过身抹了抹眼泪。

我们在我家门口分别，他说今天很开心，认识你真好。

我说我也非常开心能认识你。

5

我跑去后院收衣服进来，看见妈妈坐在桌边眉头紧皱。她看见我便喊我过去。我把衣服抱进房间后出去到她旁边坐下。

"你看见在柜子上的那五十元钱了吗？"她问我。我摇头说："没有。"又问她，"怎么了？"她说："钱找不到了。明明一直在，结果昨天晚上就找不到了。"我说："是不是放哪忘记了。"她拍了一下桌子站起身说：

"不会的。"接着又别过脸说,"一直在,结果那个顾小川来了之后竟然钱就没了……"

我头脑发蒙。妈妈的意思显然是怀疑顾小川偷了钱。我说:"不可能,顾小川才不会做那种事的!"她急了,说:"那你说钱去哪了,你也说了顾小川家里很穷,所以他偷钱也不是没可能啊。"

她脸都被气红了。我只能重复着他不是那种人他不是那种人,然后跑出了家门。

我在街道上漫无目的地走着,脑海里一直循环着妈妈的话。发觉自己竟然也有点儿怀疑顾小川了,我使劲儿地晃了晃脑袋告诉自己这不可能。我了解他,他不是那种人。

不知不觉就走到了顾小川家附近,毫无预兆地碰见了顾小川。他看见我很是欣喜,说我怎么来这了。我搓着手说随便逛逛就到这了。他说出现得正好。环顾了一下四周然后说:"你在这等我一下。"说完就跑向远处的一家便利商店里,回来的时候手里拿着一盒雪糕。

他说:"我记得你之前一直说想吃冰淇淋。呐,请你吃。"

我愣愣地看着那盒雪糕,我觉得我看见的不是一盒雪糕,而是现金。顾小川哪来的钱买雪糕?他从来不乱花钱啊。

我不敢接过去。我说:"顾小川,我家里丢钱了,就在你来我家之后。"我不知道自己是用什么样的语气和表情说出这句话的。但是我知道顾小川听完这句话之后拿着雪糕的手慢慢地垂了下去。

他听出我的意思。"你怀疑我？"他说这话时一脸不可置信。

我低着头不敢看他，小声地说："我本来觉得不可能，可是……"说到后面就没了声。

"我没有偷你家的钱，我不会做那种缺德的事！我身上的每一分钱都是我用双手挣来的！"顾小川几乎是嘶吼出来的。他差点儿要把手中的雪糕砸到地上，却还是停住了。他把我的手掰开，把雪糕放在我的手上。"念桐花，我看错你了。"他拳头紧握，青筋突起，却在说完这句话之后松开了拳头，悲伤地转身离开。

我低着头，眼泪一滴一滴地掉在雪糕盒上。

6

我一个人慢慢地做完了值日，回家时才发现天已经暗下来了。

我在巷子里走，遇见了大狗。

我本来是不怕狗的，可是那日我却僵硬了四肢，完全动不了。野狗就在我的前方，盯着我，不停地狂吠。

我就是在这样的窘境下再次遇到了顾小川。他总是出现得突然而又及时。

当顾小川站在我的身旁时,我感到了安心。他让我把头低下,跟着他的脚步走。他的话像是有魔力,我照做,眼睛看着他的脚。

我们就这样沉默地走着,直到快到我家,他才淡淡地说了一句到了。我向他道歉,关于那件事。他说那天他经过一个工地,正好缺个临时工,他便打了一个下午的工,赚了一点儿钱。"从来没有请你吃过什么,就想着用打工的钱给你买个雪糕。"他低着头。

钱在消失几天之后就被妈妈在柜子的缝隙间找到了。可是我一直不敢去找顾小川,我伤害了他的自尊,我没有脸去请求他的原谅。

他说他已经不怪我了。但他表情还是很伤心。

他说:"桐花,我爷爷生病了。"

7

顾小川的爷爷病了,治病需要很大一笔钱,但是他们家根本拿不出那么多钱。

爷爷并不是顾小川的亲爷爷。顾小川是被遗弃而被爷爷捡来抚养的。他的亲生父母回来寻过他,但他执意不离开爷爷也不接受他们的钱。对他来说,所有的困难都一定可以解决。可是现在爷爷病了,这个费用,他实在承担不起。

顾小川第一次拨打了那个一直被爷爷保存着的电话号码。

顾小川和爷爷都要离开。他们将要离开小岛，爷爷的病要去大医院治，岛上的医疗技术不够。而代价就是顾小川要回到亲生父母身边。

他们离开的那天我去渡口送别。

轮渡发出鸣笛声。我忍着不让自己掉眼泪。他还穿那件我第一次见到他时穿的粗布衬衫。

他说："桐花，你知道吗，从我第一次见到你我就喜欢你了。那时候我被嘲笑是没人要的孩子，难过地在街上发疯似的跑起来。我在巷口看见了爷爷和你。我看见你买了我爷爷的气球，还抱了一下他。那个时候，我难过的心情就消失了。"

他拥抱了我。

"桐花，我很喜欢你。我们一定会再见的。"

8

后来我也离开了小岛去大城市读书。离开前我如愿改了名字，成了真正的童话。

我和顾小川失去联系，但我记得他对我说的最后一句话。他在轮渡上对我喊:"桐花,将来考到A市去,我在那里等你!"

A市是我们共同喜欢的城市。

我真的考去了A市。我考上了A市最好的大学。我还是没有见到顾小川,但我坚信我们会遇见。

我的同学给了我一本很有名的杂志,说里面有一篇文章的女主角和我同名。

我接过。文章的名字叫《江南何处是童话》。

文章里写的正是我们的故事。

文章的末尾,男生站在轮渡上喊:"童话,我在A市的江南路等你!"

南 山 南

砚 沐

A 如果天黑之前来得及，我要忘了你的眼睛

书上说，在你十六七岁的年纪千万不要谈恋爱，因为这个人会是你一生中最爱却又爱而不得的人。

十六岁那一年，我曾深深地喜欢着一个少年，他没有最好看的面庞却有一双漂亮的双眼，如星般明亮。

在我十七岁的那个夏季，那个少年连带着所有的美好被汹涌的江水带走，在以后每场夏风吹过的时候，连想念都带着刻骨的疼。

医生说我得了抑郁症。休学一年的时间里我把自己关在房间，整日整夜地抱着少年送我的大熊流泪。哭够了闹够了，少年还是没有回来。

少年，再也回不来了。

我的妈妈曾经走到我的房间，像抱一个易碎的瓷娃娃般轻轻地抱着我，"浅浅，许盼走了，你可以遇到新的人有新的爱情，你还有爸爸妈妈在，许盼最大的心愿一定希望你过得幸福啊！"

我看着这个整整一年为我不断操劳、好像老了很多很多的女人，把头深深地埋在了她的怀里。可是，妈妈啊，他都不在了，我要幸福给谁看呢？

就像是过了一个漫长的世纪，我抬起头擦干妈妈满脸的泪水，"妈，让我回学校吧。过去的都过去了，过不去的我想就把它静静地搁在那儿，等时光来冲淡它。"

过去的已经过去，过不去的都变成了如今最痛的回忆，从我做出这个决定开始，我的心里就像是空了很大很大一块，任我如何填补也无济于事。

就像是做了一场梦，醒了后我终于意识到，我曾经最爱的少年啊，是真的不在了。

B 他不再和谁谈论相逢的孤岛，因为心里早已荒无人烟

所有的同学都在奋战即将到来的高考，生活无聊得就像是白开水，平静又乏味。

高三刚开学时班里转来了一个插班生，我的青春好像就在她踏进教室的那一刻涂满了色彩。

浅蓝色的T恤配着白色休闲裤，捧着杯可能是柠檬味的奶茶站在洒满阳光的教室门口，简单安静又美好。

后桌的周芯看着本来在睡觉的我抬起头目不转睛地盯着新来的女生，不满地拿笔使劲儿戳我的背，"邵聪你这么盯着我表姐周浅浅看是不是很没礼貌？"

我回过头瞪了周芯一眼，然后看着周浅浅在老师的安排下坐在了周芯的旁边，也就是我的后桌。

以后的很多天我都看着周浅浅每天喝一杯柠檬味的奶茶，一个中午我也偷偷地买了一杯，柠檬强烈的酸味根本就是在破坏奶茶独特的香醇味道，我皱着眉头想要找周浅浅问她为什么会喜欢这种怪怪的味道时，却看到周浅浅在午后的阳光里捧着奶茶发呆。

那样的动作那样的眼神那样的表情让我想到了一个词语——"深情"。

我不知道周浅浅那个时候在想着谁，可我的心里满满的都是周浅浅这个发呆的场景，就连心跳似乎也加速了些，这让我吓了一大跳，我都忘了我是有多久没有对一个人动过心了。

其实复读高三前的我还是相信爱情的，可是经历了一场背叛后我的心里就像是被大火焚烧过一般，从此以后的很长一段时间再也荒无人烟。

A 他说你任何为人称道的美丽，不及他第一次遇见你

曾经熟悉的校园让我的回忆铺天盖地般涌来，只是物是人非的景色让我一次次感到无所适从。

那天的阳光很好，学校外的超市开始卖起了我最爱喝的柠檬奶茶，我捧着奶茶踏进教室的时候对上了一个人的目光，那双眼睛令我恍惚了一瞬间，但也仅仅是一瞬间。

后来听表妹周芯说起这双漂亮眼睛的主人，她说了很多而我只是听进了一句，也只需要听进去这一句，他的名字叫邵聪。

重返校园的日子过得很平静，我每天努力地看书背书，不理会身边发生的任何事。

有时周末邵聪会拉上周芯和我到处去玩，而我自认为平静的日子终止在我们三个人在电玩城的那一天。

跳舞机上邵聪疯狂地扭动着身体，眼睛却盯着我问："周浅浅要不要来比一场？输了的要答应对方一个条件哦。"

旧时的回忆不小心再次涌入我的脑海，那个时候那个少年无数次和我在跳舞机上比赛，而我们在互相切磋中不断进步，最后竟然能够称霸电玩城。

我轻蔑地笑了笑，"比完你可不要哭哦！"

但我没想到邵聪的舞技也丝毫不逊色于我，可笑的是

最后的分数竟然一模一样。

邵聪对着我似笑非笑，"既然是平局，那么我们就都说下要对方答应的条件吧。周浅浅，你做我女朋友怎么样？"

"我的条件是，不要让我做你女朋友。"

B 如果所有的土地连在一起，走上一生只为拥抱你

周芯背着周浅浅偷偷地问我："邵聪，邵聪，你是真的喜欢上我姐了吗？"

我重重地点了点头。从最开始遇见周浅浅到后来默默关注她的点点滴滴，和她每个周末走遍大街小巷回家的时候，夕阳会把我们的影子拉得很长，那些日子很美好，美好到我想要把这些据为己有。

我生日那天，聚餐的时候，我准备了一把玫瑰花再次对周浅浅表白。

周浅浅当着众多同学的面再次拒绝了我："我一年前休学时就发誓过，这几年我得自己一个人过，不准备谈恋爱。要高考了，你们该学习的好好学习，我自己也有梦想要去实现。"

周浅浅的声音清脆又决绝，带着旁人察觉不出的颤音。

我不甘地问为什么不谈恋爱啊，周浅浅坦白地回答：

"我心里有一个忘不掉的人，所以你压根就是没有机会的，还是放弃吧。"

我继续梗着脖子说道："周浅浅，凭什么你说要我放弃我就放弃？今儿我还真把话搁这儿了，不追到你我也不谈恋爱了。"

周浅浅扔下一句"随便你"就离开了。

我开始每天上课前在周浅浅的课桌上放一杯奶茶，换过很多口味就但是从来不会是柠檬味的。下雨时我也会塞一把伞在周浅浅的书包里，偶尔有情绪了会在手机里抄些情书送给她。

周浅浅对这些都置之不理，倒是周芯兴致勃勃地告诉我周浅浅并没有把我送的东西扔掉，这让我抱着希望高兴了很多天。

A 他听见有人唱着古老的歌，唱着今天还在远方发生的

我在邵聪的身上，看到了许盼的影子。

第一场雪下来的时候，邵聪已经送了我六十一杯奶茶，没有一杯是我爱喝的柠檬味。我是在他送第三十杯的时候才开始试着喝他送的奶茶的，可是现在我竟然渐渐习惯了这些各式口味的奶茶。

寒假的时候，我待在家里每天应付着寒假作业，也只有让自己忙碌起来我才能不去理会太多。

跨年夜周芯把我约出去，我没料到邵聪也在。他在大广场里放了许多烟花，在外面玩耍的小孩儿纷纷注视着这短暂的璀璨。我抬头的时候其实眼角早就湿润了，真的再没有人能为我做这么多了。

"周浅浅，我不知道我要怎么才能追到你，也不知道我能够坚持多久，但是我更希望你能快乐。"

零点的时候满城都是烟花绽放，掩盖了邵聪放的烟花的灿烂。他那双漂亮的眼睛看着我，令我恍惚，就像回到了十六岁那年的跨年夜，少年牵着我的手和我许下一辈子。

只是，有些誓言再也不会成真了。

邵聪也轻轻拉起我的手，像变魔法似的从背后掏出一个哆啦A梦抱枕，"新年快乐！"

是我最喜欢的哆啦A梦，是我最渴望的场景，是我最幸福的礼物，可是不是曾经的少年。

我推开邵聪，跌跌撞撞地跑回家，我知道那落荒而逃的姿势一点儿也不好看。

曾经最美好的时光成了如今最可怕的梦魇，这就是时光残忍的地方。

B 像是在她眼睛里看到的孤岛，没有悲伤也没有花朵

我没有料到，除夕夜那天精心给周浅浅准备的礼物，会弄巧成拙。

那天夜里的周浅浅，眼里是有一种怎样的悲伤啊！这种悲伤我之前只见过两次，一次是外婆去世妈妈那悲戚的眼神；一次也是周浅浅，在我护送她回家时她遇到一只流浪猫，白天里所有的坚强都溃不成军。

我心疼周浅浅，她那白日里假装的坚强，我怎么会看不透？

寒假后再次见到周浅浅，她的眼里既没有悲伤也没有新年的欢快，用"空洞"这个词语来形容有过之而无不及。我愈发好奇她到底是遭遇了什么样的故事，有什么忘不掉的人。

我依旧试着对周浅浅好，只是不敢再提起对她的那份喜欢。

是在四月份的清明节，周芯把我带到公墓的一角偷偷看着周浅浅站在一墓碑前。黑白照片上的男生我见过，是在报纸上，因为是同校学生有过几面之缘，所以印象很深刻。那年江边游泳溺水事件闹得满城皆知，我知道他的父母因为逝去的独子肝肠寸断，却不曾想周浅浅也为他痛彻心扉。

那天我站在周浅浅看不到的地方看着她，无奈又痛心。她对着不再存在的少年说了很多很多话，每说一句就在我的心上划一刀，她的深情，都给了他。

周浅浅哭得泣不成声，我在多云的天气里，心如千年冰冻般寒冷。

也许，从头到尾，我的深情在周浅浅眼里也抵不过黑白照片上那少年的一颦一笑。

A 你在南方的艳阳里大雪纷飞，我在北方的寒夜里四季如春

意外发生在清明节那天。

那天我在公墓，突然下起了小雨，刚好遇到邵聪也在公墓。他撑着伞为我遮挡，眼里是我没见过的忧伤。

有一段下坡路很滑，我踩到什么没站稳即将摔倒的时候，邵聪想要抓住我的胳膊，却也被顺势带倒，我们两个人狠狠滚向一块大石碑。千钧一发之际邵聪选择紧紧抱着我，我心想完了，随即脑海一片空白。

再次醒来是在医院，邵聪和我的家人都在我身边，他的左手骨折了，而我只是撞在他的怀里晕倒了。

他欣喜得像一个小孩儿，"你醒了？"

我使劲揉了揉太阳穴，"你是谁？爸爸妈妈，我这是在哪里？"

邵聪不可置信地望着我，家人更是担忧地找来了医生，医生说我大概是脑部受到了撞击造成了选择性失忆。

之后的几天我在家里，爸妈问了我很多关于过去的事，可是我的回答是记忆里从来都没有过许盼和邵聪。

我以为，失忆就是对我和许盼的过去最好的成全。

我以为，失忆就是我可以选择忘记过去最好的方式。

我以为，失忆就是我给邵聪最好的机会。

再次回到学校里，邵聪走了，联系方式全部断了。

我边笑边流泪地找到周芯，她意识到我的失忆是装的，恶狠狠地骂我心狠，然后抱着我大哭，"邵聪走了，他提前去了北方的大学，他不等你了。"

你看吧，岁月总是这么阴差阳错不让人好过。而我们还没有好好告别，就这么不甘心地面对了分别。

B 南风喃，北海北，北海有墓碑

周浅浅失忆的那个晚上，我从长街的这头走到了那头，然后决定离开。

北方的一所大学提前录取了我，我甚至没和任何人告别，悄无声息地走了。

后来听说周浅浅去了南方，在一个四季如春的城市里悲欢喜乐。我不会再打扰周浅浅，因为她既然忘记了过去，就该有一个美好的未来，即使她的未来里没有我。

大学的生活既新鲜又充实，即使有很多女生对我表白过我也没有再谈过恋爱。

大三的一天，我接到周芯的电话，她在电话的另一头大哭，那架势跟她以前的性格一样惊天动地。

"邵聪，邵聪，我对不起你，你一辈子的幸福就毁在我手里了。周浅浅谈恋爱了，我没有告诉你她的失忆是装的，也没有告诉她你的联系方式，我以为她是不肯接受你就装失忆，这是我给她的惩罚。"

"可是前些天周浅浅告诉我，她装失忆只是想真的忘了过去，想给你机会，她等了你两年，你也没有再谈恋爱，可是如今她毕业后和别人恋爱了，我对不起你啊邵聪……"

周浅浅啊，时隔三年，我曾经为了你痛过的心，再次撕心裂肺地疼了起来。

周芯给了我周浅浅的手机号码，我只是发了条短信，没有留名。

"祝你幸福！"

马頔在一次专访里说：当你听到我写的这首《南山南》感到悲伤的时候，这首歌已经和我无关了。你掉的眼泪，是只有你自己知道的故事。

所以在我听起这首《南山南》时，我掉的眼泪，是我最不可告诉周浅浅的故事。

当悲伤的女孩儿相信了爱，当等待成了一种习惯，当时间之里山南水北，当风吹过带不走我对她刻骨的思念，当我错过了一场风花雪月……

愿那个叫周浅浅的女孩儿，在南方的艳阳里，永远四季如春。

回 归

我十六岁那年

覃祥渝

陈诚　2009年9月

　　上天一直在和我们开玩笑。他先把我们装进一个密封的碗里，然后放进微波炉，调至大火使我们苦苦地挣扎着，直至我们失去了对生命的希望时，他又把我们扔进了万年冰窖之中。就这样反反复复几十年，到最后，别人以为我们成熟了，可事实上只有我们自己才知道，自己是被做成了——冰镇烤猪。

　　每当一个盛夏被雨悄悄地带走，久违的秋风便会在一瞬间席卷整个大地。在长江中下游一带夏季高温多雨且雨热同期。这是我在破碎的记忆里寻到的有关之前三年所学的知识。其实我之前的所记得的东西可以给我盖起一座耀眼的东方明珠，不过在六月那场被称为能够容纳千军万马的独木桥的考试之后，我的东方明珠瞬间崩塌了。

　　那场考试给了我深爱着的她一张回北方的机票，而我却错过了她的航班，孤独地留在了南方。突然想起曾经看过的《边城》，它让我无数次想象着夕阳被连绵的群山遮掩，织出一张金黄的轻纱披在守候在河边的翠翠身上。这时的她已学会了吹笛，在傍晚时分就那么轻盈地站在河岸，朝着以前老大和老二为她唱情歌的山峰，替埋藏在记忆中的他们伴奏。悠扬的笛声穿梭在青翠的树林间，她登上了那座塔，用力地一遍又一遍地敲着那口钟，我在想，那浑厚的钟声是否可以唤回远在天边的那个对的人。

　　令人烦躁的九月又是开学的起点，两年前我以为到了大学就会是到了天堂，可当我独自面对着眼前这座至今也叫不出名儿的大学，我仿佛听到了自己那早已伤痕累累的心不经意间流下眼泪，"嗒，嗒，嗒……"黑夜下摇晃的树影遮住了我的双眼，此刻的我只想知道，远在北方的她，现在还好吗。

凌琴　2006年9月

　　九月就像细长的指挥棒，轻轻地一挥，我的世界里又迎来了第十六个年华。我下了火车后，抬头看了看天，心里油然而生一丝忧虑，南方的天空没有北方辽阔，我很担心在以后的夜晚里,我是否还能享受那繁星点点所带来的关于宇宙的感悟。

我拖着一大包行李在这个陌生的学校操场上像棵歪脖树一样立着,周围围了一大群男生,叽叽喳喳地讨论个不停。

就在刚才幸运女神降临在我头上,我在同一个位置被接连飞过来的足球、篮球还有乒乓球挨个亲吻了一次。我发誓,当时我心中绝对没有想过我要揍他们,恩,绝对没有!

"你还好吧,要不要去医务室?"一道极具磁性的声音触动了我的耳膜,我顺着声音找去,是个男生。他看起来很高挑,眼眸澄清得像是西湖,一笑就露出一口洁白的牙。

他的笑容挺暖的。

"不了,我现在要去宿舍放东西。"我揉了揉头冷冷地回答。

"你是新生吧。要不我带你去宿舍?"说完他头也不回地就拉着我走了。

我一路挣扎着总算把手收了回来,带着怨气冲他吼:"喂,你干吗啊,不知道男女授受不亲啊?"

但他却转过头来天真无邪地笑着,"喏,到了。"

"男、生、宿、舍。"我心里真的怒了,在我的脑海里他已经被我踹了好几次了。

"诶，你怎么脸红了啊？"那人还恬不知耻地对着我笑。

"你说呢？把女生带男生宿舍来，你什么意思？"我不带好气地对他说，说完我就转身离去。

可突然我感觉自己的手又被人拉住了，我当时真生气了，立马一个华丽的转身"啪"的一声甩了他一耳光，然后就拖着行李潇洒地离去。我只托风稍给了他一个词："登徒子。"

当夜幕笼罩了整个城市时我很安静地站在阳台上，我向隔壁看去，结果却看见了男生宿舍。

我从来没想过自己能和一个人这么近，近得就好比学校男女生宿舍楼。

第二天上课老师点名，"凌琴。"

"到！"

"陈诚。"

"啊！"懒散而又熟悉的声音就在我的身后，我的直觉告诉我不能转过头去看，然后，就下课了。

"嘿，这位小姐，请问你能否为昨天的行为做一个解释吗？"陈诚精致的脸上还是挂着他的笑容。

我知道自己昨天弄错了，心里充满了愧疚，于是我抬头想要对他道个歉。

"哎哟，小姐，你又脸红了，难道你是爱上我了？"

我白了他一眼，刚才心中的歉意荡然无存。

由于今天是正式开学的第一天,老师邀请我们每个人都上去进行自我介绍。轮到陈诚的时候他"嗷呜"一声一跃而起。

"Hello大家好,我是你们的新朋友陈诚。陈是老陈醋的陈,诚是忠诚的诚,我老爸给我取这个名字是希望我做一个有味道的成熟的男人,就像陈年老酒一样,一掀开盖,那股沁人心脾的醇香在一瞬间就能捕获大家的心……"

他那极具诱惑的声音弥漫在整个教室里,挑逗着一颗颗年轻少女的心,当然,与我无关。

"原来你不是因为你爸姓陈才姓陈的哦?"放学之后我略显挑衅地问他,眼神里溜过一道狡黠。

"这是哥的幽默,你懂什么?"他一脸鄙视地看着我,顺带地还向我吐了吐舌头。我恶心得一阵胆寒,扭过头不想理他了。可是他却没脸没皮地紧跟在我后面,我怎么甩也甩不掉。

"嘿,你烦不烦啊,难道你要和我回女生宿舍啊?"

"大姐,我也住寝室的好不好!谁要跟着你了啊。"

我一蹬脚就往前跑去。温暖的阳光紧紧地把我抱在怀里,轻柔的风拂过我的发梢,在这一个夏秋的交汇处,我冥冥中感觉到自己仿佛在人生的一片混乱中寻到了,我的青春。

陈诚　2009年9月

今天我们班上要做自我介绍，轮到我的时候我什么话也说不出来。我很含糊地混了过去，也不知道下面的同学努力地鼓掌是何意思。我报名参加了学校的文学社团，虽然我粗糙的文字无法记录下十六岁那年的湛蓝天空，但是我不想从现在开始，还是像以前那样一步步地遗失掉我曾毫不在意的现在和未来。

小B是我的舍友，他是一个浑身充满文艺和庸俗气息的角色，我很难知道他是如何找到这两者的平衡点的。他经常和我一起坐在铁轨旁的屋顶上，看着一辆辆的火车在夕阳的余晖里驰骋而过，他在他的世界里静静思考着，我在这个世界里舔舐着自己的伤痛。我们不是落魄的社会青年，我们从不抽烟喝酒，我们只是喜欢在人们看不见的角落里享受这份难得的静谧。

凌琴　2006年9月

没有欲望地将自己的一切展现给对方时，那份清澈的感情才会让彼此更加接近。

陈诚就和牛皮糖一样，整天粘着我，于是我们的关系也更熟了。可能正是因为走得更近了，我才发现这孩子的

EQ和他的身高完全成反比，每次他遇到那些花痴妹向他表白时，他总是一脸茫然地站在原地，一副人畜无害的表情，不但不拒绝反而尽情地展示着自己的大男孩儿的青春气息，把那些个妹子迷得神魂颠倒的，最后他又一句话不说落荒而逃了。我不禁一次愤愤不平地告诉他："你要是不喜欢人家，你倒是给她们一句准话啊，你可倒好，留给别人一个倜傥的背影，你是玩她们啊？"结果他每次摆出一个无辜的表情回答："啊？我也不知道该怎么做啊。"这时我看着童真的他也不好再说什么了，但他的下一句话时常都会让我恨不得揍他——"咱们等下去吃点儿啥啊？"

陈诚　2009年10月

我藏在被窝里翻着我和凌琴的合照，我一张一张地细细回味着，可屋外的风太大，挤进了被窝，刮得我的眼睛红红的。当我翻到最后一张的时候，风更大了，把我的泪腺狠狠地刺激着。那是我和她的第一张合照，也是我对她告白成功后照下的纪念照。

那一天的晨光还没有铺满整片天空，我在她宿舍楼下从凌晨四点一直等到了八点，我知道她周末一直都是在七点半的时候出去吃早餐，只不过那天的雨大了一点点，她出来得晚了一点点，而结果也就只是我第二天的感冒更重了一点点。

我发誓，我此生将无法忘记当她看到我的时候小脸上所显露出来的惊讶，我相信她一定被我深深地感动了。

那一天我没带伞，当我看到她的时候我全身都湿透了，我用手抹了抹自己的头发又很自豪地甩了甩。然后？然后，我就跑到她跟前很认真地向她表白，不过好可惜我已记不清具体说的什么了，可能是因为第二天感冒的缘故，但反正当时她答应了。接着的事情我的确想不起来了，我可以感觉到自己的记忆就像一面落地的镜子，摔碎了，而那时我最想要记住的画面我竟再也拾不起了。

有人说要学会对自己的记忆进行选择，这样才能活得很快乐。只是我，不停地选，不停地错。所以，我很难过。

今年六月的那一天，我在网上看到了自己的高考成绩，很不幸的，我是属于那类过独木桥时掉水里的。在很仔细地查了十几遍后我深切地感受到自己就快要在水中窒息了。我突然发现自己看不到前方，前面一团黑雾，我也不敢往前走，我害怕自己在其中迷失了如今的自我。

我知道她考得很好，在她打给我的第二十七个电话时我接通了。

"诚，你现在在哪里？我要来找你。"电话那头是她焦急的声音。我的心就像涂了一层厚厚的蜡，我想说点儿什么，可是我真的说不出来。

"诚,我知道你这次考得不好,所以我现在真的很想见你。"她的话说完,我就不争气地哭着对她说:"对不起,我恐怕不能履行我们的约定了,我是不是很没用?"

"不、不、不、不、不!诚,你记住,你在我心中永远是最棒的!"

"啪。"我脑海里的影像再次消失了,我总是这样,不停地选,不停地错。

凌琴　2007年9月

时间好比一杯水,我将其倒在自己手上,它就这么简单地从我的指尖滑过,就连仅存的最后一点儿也会在空气中渐渐地蒸发掉。不知不觉间,我也到了高二。学校里随处可见一对对穿着情侣装的小情侣,在光天化日之下秀着他们那点儿恩爱,我从来不会去鄙视那些人,也不会诅咒他们秀恩爱死得快,毕竟嘛,我也是他们其中一员。

我一直记得那天早晨烟雨朦胧,青色的雨敲在白色的地板上绽放出一朵朵晶莹的水花,我刚从宿舍楼里出来,就看见陈诚像尊雕塑般站在雨中,我很惊奇大清早的他像一个傻子似的站在女生宿舍楼前,而且还不撑伞,难道他是头被飞机撞了?

我正打算收拾好自己的震惊过去给他撑伞,他就摇摇晃晃地跑了过来,眼神里满是严肃地对我说:"我喜欢你。"

"啊？"我才拾掇好的惊讶又回到了脸上，我站在原地硬是愣了六七分钟。而他看我没说话，苍白的脸颊逐渐变红。当时的环境安静得让我能听到自己的心跳。

"哎，我就知道你不答应，那，那，今天的事你就当做了个噩梦吧。"他低着头喃喃道，就像是一个认错的小孩儿，脸上写满了委屈。

最后我捂着肚子笑得蹲在了地上，他那样子太可爱了。

"你笑什么啊，我很认真的好不好。"他抬头有些郁闷地看着我。

我揉揉肚子缓缓站了起来，以同样认真的态度对他说："就算这个是梦，这也是一个让我不愿醒来的美梦。"我很深情地注视着他的眸，他也同样凝视着我，耳边轻轻地响着雨滴轻打树叶的声音，不知名的鸟儿唱着悦耳婉转的歌。

后来，他大笑着就跑开了。

这个笨蛋！

可是当他第二天打着喷嚏，擤着鼻涕进入教室的时候，我心中的埋怨就烟消云散了。现在的我很庆幸自己曾用文字刻下了那段最美的青春。

那一天我和他都请假离校，繁华的大街上来来往往的人潮里有我和他的身影，我陪他去看了病打了点滴后夜幕已经降临。他在我身边不停地擤着鼻涕,而我却很想笑。他边咳嗽边问我:"咳咳,你,笑什么啊?咳咳。"我听完故意拉长音说:"昨天那事……"他忽然慌张地看着我:"不是吧,难不成你是要反悔吗?"

……

"我昨天晚上想了好久,心里总感觉有点儿不太真实。"

"别介啊,你掐我试试,这真实得不能再真了。你看我都淋感冒了,难道还不够真啊?"

"那是当然,不就感冒吗。"我假装丢给他一个不屑的眼神,"我给你说啊,我的另一半呢一定要会挣钱,因为我有好多好多地方想要去,但现在的你能挣钱吗?"我有些戏谑地看着他。

他埋下头沉默了,过了一会儿他便抬起头来很坚定地看着我,说:"我可以,现在我就可以!"

然后他就从旁边文具店里买了一支笔在步行道上写了些东西,径直跪在一个阴暗的角落里。商铺里五彩的光线射在他的面前,周围充斥着人们的喧嚣以及店铺里播放着的音乐。那时的晚风味道咸咸的,他一直跪在那里。我猛地看到自己十七岁的天空就被他这样照亮了。我似乎知道他要做什么,扭过头不忍心看着他,过了不知道多久他又重新出现在我的身旁,他的双手放在我的肩上,手里拿着几张一元的纸币。我看见他很开心地笑着,目光中闪烁着欣喜和自信，我堵着在眼眶里的泪水一把拿过他手中的钱："才这么点，我怎么去环游世界啊？"

他的手有些用力，用很执着的眼神看着我："未来，我一定会让你游遍整个世界。"我噙着眼泪笑着拍掉了他的手，转过头说："两年后我会回到北方，那时如果你能带我在北方的所有地方留下足迹，我就再考虑考虑。"

"咳咳，好，我答应你，两年后我肯定带你走遍北方。"他的声音不大，很快地便被淹没在这座城市里，但是却莫名地能给我安全感。他让我相信，这一天，不会太远。

陈诚　2009年10月

我的青春就像是无垠的沙漠，忽地，我看见前方出现了一片绿洲，我拼命地赶到那里，却发现那只是属于别人的海市蜃楼而已。可正当我准备离开时，我才醒悟，自己已经掉入了流沙之中。

时间对于一个人而言代表着什么？岁月告诉我，它代表习惯。

我已经习惯了每个晴朗的夜空下有我独自仰望点点繁星，漫天的星星仿佛要照亮整个深邃的夜晚，以前凌琴很喜欢和我一起躺在草坪上细数天上的星星，泥土的清香混杂在空气里沁入我们的心脾。我们曾打赌，谁数错了谁就得答应对方一件事情。当然，每一次我们都认为自己数对了，而在没有正确答案的情况下我就是那个输得最多的人，每当她让我做一些很奇怪的事情时我就会猛地吻她一下然后迅速地逃开，而她就只在原地动也不动，最后我还是乖乖地回到了她的身边，接受制裁。

她说："天上的星星好美啊。"

我说："再美也只是石头。"

她说："我好想要那颗最亮的星。"

我说："给你你也要不了，太大了，说不定比地球还大。"

她说："你去死！"

我说："我死了，就没人和你数星星了。"

我想不到被火车碾压过的理想会是什么样，我的青春曾经也努力绽放，只是火车太重了，压碎了我的整个梦。

我拿着笔好想给凌琴写点什么，可我提笔便又忘了词。大学糜烂的生活真的让我迷失了方向。

有人告诉我说："错误的时间遇到了对的人，这就叫青春。"不过我想，能把错误熬到正确，或许这才是青春。

挽着馨香的细雨再度吻上了我的窗，我收拾好了行李，打算买张机票去北方。

后记：十六岁那年，我的生命里很突然地闯入了一名女生，青涩的年华里我渴求着自己也能在她的记忆里画上一道绚丽的彩虹。可惜，我终究还是败给了自己，越走越错，越错越远，当我再也不能在梦里见到她时，我恨透了自己。我很抱歉曾经给她带去很多烦恼，我以为我可以，可是，仅仅是我以为。如今我和她已渐行渐远，现实中距离是近的，可心却是远远的。如果我有机会对她说最后一句话，我想说："对不起。希望你快乐。"

当赤道留住雪花,眼泪融掉细沙

夏南年

1

不知道是哪里出了问题,陈君故,不然,你怎么会在大庭广众之下让我这么难堪呢?

没有跑操的大课间,教室里喧哗的声音此起彼伏,我趴在座位上心不在焉地看书,一眨眼的工夫你就从教室门口走到了我的座位旁,那样专注朝我走来的样子,一不小心就让我想起了以前,你向我走来,眉目含光,眼里只有我。

今天你也是这样,只是走到我面前时,狠狠地摔下了几本杂志,你不言语我也能猜到,无意中在学校的小书店看到自己的故事被完完整整分割成几块印成铅字时你的愤怒，我愣在了座位上，仰头望着你。

你的表情竟然没有悲喜，"沈子衿，我最后悔的事情，就是遇到了你。"然后你冷冷地走回到座位。有好事的同学来拿我桌子上的杂志，我手疾眼快又抢了回来，抱着桌子上那摞杂志跑出了教室。

我不知道我想去哪里，我只是在一遍遍告诉自己，冷静下来，不要再让那么多探寻又好奇的目光像看着小丑一样一直停留在我身上。我漫无目的地走了一圈，最后在长椅上坐下，囫囵吞枣地翻看关于你的故事。

学校的合欢花开得热烈，花瓣像小刷子，飘落时染红了长椅。陈君故，看到那么多熟悉的故事，我就是好奇，你为什么没有一丝的惋惜，好像那些时光都是我编造的，我们几个月的故事，你怎么说忘就忘了？

阳光有些刺眼，看久了杂志我疲惫地望向楼梯，正巧沈安年向我跑来，于是我站起身，"沈安年，陪我去买礼物吧，陈君故的生日……"

我看到沈安年的表情变得狰狞，"你怎么还记得那个人渣？"

我不说话，在一副不陪我去我也要自己去的固执表情下，沈安年终于妥协了。

我们花了很长的时间默默无语地并肩闲逛，几分钟便买好了给你的礼物。回家的路上我一直沉默不语，因为满大街都是陈奕迅的歌，我一不小心就听到他在唱，"当赤道留住雪花,眼泪融掉细沙,你会珍惜我吗?"

我问沈安年你会不会喜欢我准备的礼物,他说:"当然啊,那么用心的东西。"

其实只是一本诗集,封面上印着优美的诗句,"青青子衿,悠悠我心,但为君故,沉吟至今。"陈君故,你看,连诗句都把我们的名字放在一起。

2

陈君故,记得你也很喜欢听陈奕迅的,不知道你有没有听过这首歌?

我把MP3里全部的歌都删掉,只留了《当这地球没有花》,整天戴着耳机听。沈安年偷偷把歌换掉,我又立刻重新下载,我想这首歌的歌词真悲伤,于是就真的遇到了不开心的事情。

陈君故,我宁愿我们是普通的同学。你的生日在周六,你决定请班里大部分同学去吃饭,然后唱歌,唯独对我封锁了消息,你刻意地提醒每个人不要让我知道。

所以当沈安年告诉我这件事时,我又愣了几秒,好在我终于给自己找到了台阶。我微微笑着说,没关系,这么说来我在你心里终究和别人不同。不然怎么会那么刻意针对我?

沈安年无语地忍了半天,我猜他肯定很想骂我,没想到几天之后他的拳头却落在了你身上。

你生日那天我没想去搅局,毕竟是你最快乐的日子,我去那家餐厅,连待一会儿的想法都没有,我把礼物给你,生日快乐还没有说出口,你就像往常一样干净利落地把书随手扔进了垃圾桶里。

这样我多难堪啊,那么多同学在那里,好像在一起的时候我做了什么伤天害理对不起你的事情,你才对我咬牙切齿有深仇大恨,可是我们分开明明是你突然疏远就提出来的。

我把书捡起来,认真擦掉上面饮料的污渍,有点儿无奈,"那么好的书扔掉多可惜啊,你不喜欢我还是带回去吧。"然后转身,潇洒地离开了。好像二三十个同学的目光都与我无关,阳光落下来是一道屏风,将我和整个世界完整的分隔。

可是我的内心根本没有那么强大。沈安年说,我不哭也不笑,可把他给吓坏了。

我反复地告诉自己,哪有那么容易被打败,你放弃了我,只是因为我还不够好。我迫不及待地制定了一张时间表,看书、跑步排满了全程。没想到我兴冲冲地回到学校准备看书,就遇见了沈安年狠狠揍你的那一幕。

我下意识地"啊!"的惨叫了一声,飞快地跑过去,结结实实替你挨了一拳,于是我们三个人同时愣在了那里。

陈君故，沈安年打得可真重，那么多下打在你身上，你躲也不躲，是因为心里还有一丝对我的歉疚吗？可是真的，我没有错，你也没有，没有谁背叛了谁，只是你不再把我放在心里而已。

3

陈君故，我们当然没能和好如初，好在我们终于做成了普通同学，在学校里迎面碰到也会打招呼的那种。只是有时候在题海中快要晕过去时我会望着你的背影发呆。

我不经意地失神，想起那么多美好的过去，以前抬起头望着你，还经常和你的望向我的目光不期而遇呢陈君故。

但是几分钟后我又会逼着自己继续看书，努力把烂成绩一点点提上去，没有了你的庇护，我想我要像一朵葵花，站得高，也一直快乐向上。

沈安年听了我的话，正兴致勃勃地嘲笑我都这么大了还有小孩子的想法，话没说完就被叫去了办公室，看到你和他同去的背影，有种莫名的心慌油然而生。

半个小时后，我也被叫了过去。办公室雪白的墙边站着我和沈安年的父母，还有你气宇轩昂却不好看的表情，我在心里打了个冷战。

不知道是谁录下了沈安年和你打架的视频，悄悄发给了班主任，这个月学校正在严查违反校规校纪的情况，说不好沈安年和你就要背着处分到大学。

妈妈一巴掌打在我的脸上，我清楚地感到额前的碎发被打得凌乱至极，这么狼狈的时候，我没有顾忌疼痛，下意识地望向你，发现你的目光没有丝毫落在我身上，松了一口气后又无奈地想哭。

陈君故，但为君故，沉吟至今。

妈妈正在不停地在为沈安年求情，老师大手一挥让我们先回教室。

走廊里洒满了阳光，我故意跟着你的脚步走得很慢很慢。记得上个季节，我们上课时偷偷传纸条被老师赶出教室罚站，还嬉皮笑脸地牵手，那时我特别安心，总是想不出我们会因为什么分开，所以一辈子都不会分开吧。

"喂，这节是'母夜叉'的课，迟到了那么久，你真的要回去上吗？"你猛地转过身，害得我差一点儿撞到你身上。

我笑，"当然不回去啦。"

我们并肩穿过整个校园心安理得地躲在后花园的水潭边。陈君故，我转过头看你时你的眼睛里神采飞扬，一如旧日里向我走来时的模样。我习惯性地拿出MP3，递了一个耳麦给你，问你要不要听，你犹豫了一下还是接了过来。

4

陈君故，时间过得飞快，我终于一点点放下了关于你的很多事情。如果以前对你的喜欢是百分之两百，现在呢？大概只剩下百分之五十。

沈安年说得对，时间是一种解药，我相信未来的某天我会突然发现已经很久没有再望着你发呆了。我的成绩从年级倒数提升到了年级两百名，我已经心满意足，只是我还是只听陈奕迅的那首歌。

真的很好听对不对？我百听不厌，也自始至终忘不了，那天在水潭边，我刻意让你听这首歌的心情，我怀着不说的小心事，用歌词替我问你问题。

"当赤道留住雪花，眼泪融掉细沙，你会珍惜我吗？"

我们那几个月的时光没有辜负我，你默契地在听完这一句后跟我说对不起。

那天你解释了很多，阳光下的青草都有些不耐烦了，耷拉下了脑袋，我听着你说着以前觉得特别喜欢，后来又后来的话，专心地想如果眼泪落在了草地上，那些青草会不会抬起头陪我一起继续接受日光的洗礼。

沈安年又一次删掉我MP3里的歌时，暴怒地跟我说，他在我身边跟着我听这首歌听得都快要吐了，我终于笑嘻嘻地把MP3塞给他，让他帮我把从前的歌添满。

陈君故，看到沈安年终于松了一口气的样子，我突然就想通了。这个世界上叫沈子衿和陈君故的人有千千万万，就让他们好好的谱写那句著名的诗句吧，而我只要一个人努力一个人等待下一次的遇见。

大街小巷还是在反反复复地放，"当赤道留住雪花，眼泪融掉细沙，你会珍惜我吗？"多奇怪，大多时候我都只能注意到这句歌词。

即便我知道，你不会，所以我还在这里，但为君故，沉吟至今。

回　归

萧彭玮

1

炎夏的酷热让我昏昏欲睡，眼皮实在抬不起来，站讲台上替老师讲课的学生慢慢被黑暗吞噬，老师不在我可以毫无忌惮酣睡。

"赵晓琴——"

"赵晓琴——"

耳边似乎听到我的名字，我激灵站起，摆一个立正的姿势高声回应："到！"

教室立即被嘹亮的哄笑笼罩。

"这道题怎么做？"

我揉揉眼睛，看到讲台上还在讲课的李晗，恨不得把他千刀万剐,点谁不好,非要点我,这下可在全班面前糗大了吧,我红着脸,气得连题目都不看,恹恹答他:"不会!"

结果他让我站了整整一堂课的时间!

一放学我就直冲小卖部,决定大吃零食来消消气。

可是一出门就看到杜宇笑哈哈朝我走来:"走走,我请你吃冰棍!"

我们拎着二十元的饮料和雪糕,每人嘴里衔着条冰棍。他比我高出一头,像照顾妹妹一样把右手搭在我左肩膀,慢慢穿梭在路面铺红砖的两排松针树之间。

"不高兴?"他仔细打量我一眼,"平时不是有说不完的话吗,今天哑巴了?"

"哪有!"我咬咬嘴唇。

话音方落,李晗竟然迎面走来,向我投来轻蔑一笑,随即擦肩而过。

是,不高兴,我确实不高兴!我要报仇!

2

隔天早上,我怀着要大干一场的心情走进教室,书包猛地往桌面一摔,企图分散李晗聚精会神做数学题的心,可是前排的他却纹丝不动,这让我心里极不爽快,我就不信还影响不了你!

掏出书本，迅速扫视四周，一切一如往常，实在无趣。然后我对着摊开的英文课文筹划妙计，不知多久，只听"啪"一声。李晗突然回过头，盯我一眼，又看到地面躺本英语书，饶有兴致地说道："是不是又打瞌睡手滑了？"我脸憋得通红，你才手滑呢！我把书从他手里夺过来。他微微一笑，转身埋头继续刷数学题。

　　你不是学习好？今儿个我就好好问你！我拿起圆珠笔，伸长胳膊狠狠地把笔尖扎向他后背。他疼得差点儿叫出来，回过头生气地瞅着我："你想谋杀？""这道数学题不会，"我强忍住阴险的笑，一脸真诚地看着他，"还望'大虾'指点指点。"

　　他怔怔地看我一眼："这个好说。"一分钟内解答完毕，他得意地扭过头做题。

　　一小时后，"你真想谋杀！"五个字响彻整个教室，谁受得了每五分钟痛扎一次？

　　我笑得直捧腹。

　　可是他愤怒的表情立即变为得意自信："怎样？我很厉害吧，上次奖学金得了五百元，下次一定还会拿到。"

　　我脸上的笑容立即僵住。

　　本想捉弄他，却先被他嘲笑手滑，他又炫耀自己一番？

　　我咬咬牙，是我太仁慈，要找到他的弱点才行！

3

他的弱点到底是什么？我不露声色多处打听，终于知他的弱点是体育。确实，就他那瘦瘦的身材，真担心被风吹得在空中翻滚。

让我迫不及待的体育课终于来临。

击掌解散后，我立即从网兜掏出一个足球，啪嗒啪嗒跑到李晗跟前。

"能踢足球吗？"我露出两排白牙。

他怔怔看我一眼，嘴角微扬："可以陪你玩玩。"我可是上届学校女子足球比赛先锋，竟如此不放眼里！

我把球一扔，两人同时追着球跑起来，看我不玩死你！果然没错，他丝毫没有体育细胞，连球的方向都控制不住，我只稍稍做个假动作就成功把球勾到脚下，然后朝另一个方向奔去，他在后面穷追不舍，但距离还是拉大了。

他羸弱的身影就像冬风里摇晃的枯枝。后来我忽一转身，纵身一跃，把球狠狠地朝他身体踢去，以洗雪耻。

可是他真是太差劲儿，足球狠狠地砸在他脸上，眼镜被撞落，他一边捂着撞红的脸一边张开手在地面摸索眼镜。

风从耳边流过，轻轻掀起我的刘海儿，第一次那么清晰看到，原来那只手下面是一张如此澄澈清秀的脸。只是在我无聊的报复下皱紧了眉，微露伤感地寻找眼镜。

我本想跑去嘲弄他一番，可是突然心生懊悔，确实玩过火了。我忙奔过去，眼睛紧紧盯着他。

"哎呀——"我不禁呻吟一声，左脚传来剧烈的痛感，完了——

脚崴了！好丢人！偏偏这个时候！

我咬牙忍痛一拐一拐地走到他跟前，红着脸责备他："没事吧？怎么不躲开啊！"

他戴上摔坏的眼镜，看我走路姿势不对，脸色顿时铁青起来："你怎么啦！要不要紧！"

我一怔，正想说没事，但没等我开口，他就迅速把我拉到背上："赶紧去瞧医生！"

我感受着他的箭步若飞，耳边充满他紧张的喘息。

莫名地，心突然发生了位移，鼻子开始酸起来。

"你别哭啊！是不是脚很痛，谁让你走路眼睛往别处看呢！别哭啦，女孩儿很难哄的——"

4

在这花儿红艳艳叶儿绿滴滴的夏季，心也热烈绽放起来。

那天之后，我脱胎换骨似的变了一个人，不会嘴里叨根冰棍在众目睽睽之下，不会迈着男生的步伐踏入教室，不会像研究冲量一样把书包甩向书桌，不会课堂打盹儿，不会任凭后脑勺头发翘起。

我以优雅的姿态坐到座位，取出书本认真翻阅，即便在走神也装作很用功的样子，因为老师重排了座位，而李晗更因为成绩优越任意挑选，结果他不怀好意地坐到我后面。突然的位置互换让我很不自在，总感觉身后从早到晚有一股邪恶的目光。"看什么看？一节课扭六次头，没见过帅哥？"他会这样说我。我一转身脸就像得了红热病，直骂自己好没出息。还有更没出息的事情，例如我生日那天缠着他要礼物，他问我要什么，我想说要他陪我看场电影，可是话到嘴边却是"买本书送我吧"。好想抽自己的嘴！

李晗喜欢去图书馆。"一起去图书馆？"他问我。"不要，我最讨厌那种地方。"我同样讨厌的还有任意指点江山，激扬文字，大谈理想抱负的优等生，在我眼里他们都是道貌岸然的伪君子，嘴里用着"这道题如此简单，我闭上眼睛都会做！"的口吻，随意伤害像我一样比他们努力千万倍却仍然处在金字塔最底端的人群。

李晗也会说类似"这道题很简单"的话，只是每次都很谦虚地加上一句作为结尾："我也像你一样开始什么都不会，只是慢慢才进步的，你也可以做到。"这句简单朴素的话让他从我脑海里的优等生里抹去，开始进入一个更高台阶，成为我心中独一无二的存在。可是我却不自信，所以拒绝与他一起进入图书馆，害怕他看到无论如何用功都解不出题目的差等生——我。

可是与杜宇在一起时我却没有任何不自在，反倒展现出最真实的自己，所以当他说要我陪他一起去图书馆时，我毫不犹豫答应下来。但他有时会戏谑地盯住我的眼睛："你这样天天与我在一起，是要付出代价的哦！"在他目不转睛地直视下，我常红着脸别过头。

5

无数次从图书馆走出来时，夏风已经变成了秋风，门口的大灯晃着我们平静的步伐，雪一样的白光洒满路面，好冷。

我在图书馆里看到李晗旁边坐着一个深蓝色薄褂女孩儿，皮肤白皙，眼睛明亮，他们开心地聊着天，口中细细咀嚼着口香糖，女孩儿嘴巴笑成月牙。他们幸福的笑脸在我眼前挥之不去。我双手交叉抱着肩，试图抵制秋凉，可是胸前还是像放了一块寒冰。杜宇担心地看着颤抖的我："没事吧？"我轻轻点头。

我开始明白逃兵也同样面临死亡的威胁，不能再等！我要冲到前线，主动出击！

隔天晚上，我趴在被窝打着手电筒写下人生第一封情书，虽然没有惊天动地的大情大爱，但还是把自己写得眼眶含泪，啪嗒啪嗒落到粉色信纸上。那是我心的见证，注入了我最大的希望与祝福。

次日午后，我计划约他出去喝咖啡，顺便把那封带有泪斑的情书送到他手里，可是自从十二点放学后，他就一直没有出现在教室，到底去了哪里？

第一节已经下课，情书在手心握出汗渍。我一次又一次向门口张望，依然没有他。

我绝望地耷下脑袋，后排隐约有人说李晗在医务室。

我即刻满血复活，拔腿向那个光明的地方奔去。

我喘着粗气停在医务室，一眼看到左手正在挂着水的李晗，面色有些苍白，怪不得这么爱学习的人竟不上课，原来是疾病缠身啊。

他抬头看见我，咧嘴笑一笑。

"病不大吧？"

"医生说挂次水就可以痊愈。"

我把手伸入衣袋，情书握入掌心。心开始怦怦跳起来。

"你是专门来看望我的？"他露出一副得意的表情。

"少臭美啦！"脸突然滚烫起来，别人看上去一定红得滴血！

我咬咬嘴唇，慢慢将视线移向他明亮的双眸，这是长久以来第一次直视他的眼睛。

"这个给你！"我鼓足勇气，红着脸把信纸塞进他右手，然后无比激动开心地掉头往门外跑。

谁料门口与一个女孩儿撞个满怀。我一边说对不起，脑海一边闪现某个人的身影。女孩儿拎着水果，径直走到李晗床边，拿出一只香蕉，为他剥开表皮，并且喂他一口一口吃下。

女孩儿、蓝色衣服、图书馆——

我吞下一口口水，胸口像是被冰块刺穿，梦游般折回到李晗床边。李晗笑着对我说："这是我的女友，很漂亮吧？"

口舌似乎突然麻木，良久我才怔怔吐出："确实很漂亮！"

都是有女朋友的人，我竟然还递给他情书！

黑色旋涡般的绝望与疼痛卷入胸中。

我一跃到李晗床边，模糊着眼睛从他右手夺走信纸，闪电一样从医务室消失。

踏出房门的一刻，泪眼如洪。

6

知道他交女朋友的原因已经是多年之后了。

李晗说，他送给我的生日礼物里夹一封情书，可是我却迟迟没有反馈，并且还与其他男孩儿出入图书馆。

只是他不知道，我怀着寻找特殊秘密的期待把书翻阅无数遍，但期望完全落空。

后来杜宇专程找我，说要还我一样东西。当初他第一时间借走那本书，却只还给我书，而没有还给我情书。

心似乎被针扎着，可我没有资格责备任何人，是我愚笨地对他们毫无察觉，是我不懂珍惜，但如果上天再赐我一本夹着情书的生日礼物，我发誓必做第一个翻阅它的人！

7

我的生活就像一条毫无起伏的直线，一直向前延伸，虽然偶有上下波动，但是终究要回归于直线，这就是我平凡的生活。

虽然平凡，但还是一直向前延伸，这就是直线，在波动中不断升华，永不止步！

祝我们的青春永垂不朽

平小荷

1

我的闺密陈夏是个好姑娘。

她成绩优异，性格温和，对人友善，十七岁之前，沿着乖巧听话这条路走得顺风顺水。女生们叽叽喳喳地讨论自己喜欢的男生时，陈夏在一旁浅浅地笑，一副置身事外的模样。作为她最好的朋友，我们一起憧憬过爱情的美好，却总觉得自己的白马王子还没出现。

直到陈夏遇见姜哲。那时正是人间四月天，空气里都是甜甜的蜜糖香，仿佛只有谈一场恋爱，才算没有辜负这场良辰美景。

那天傍晚，陈夏下了课后，去街边那家牛肉面馆叫了一碗面。一边面无表情地往碗里加辣椒，一边还在琢磨数学老师讲解的那道几何题。左思右想了半天，也还是绕不过弯来，思维陷入死角。

这状态，还怎么高考？陈夏有点儿心慌，就在眼泪憋得快要掉下来时，突然听到对面有个男生好奇地问她："你那碗里全是辣椒，还能吃吗？"

陈夏一抬头，便看到一个男生皱着眉，盯着她面前的那个碗，一副不可思议的表情。那点儿糟糕的情绪正愁找不到出口，她不怀好意地说："要不咱俩比比谁更能吃辣，怎么样？"

男生一逞能，就说了句"谁怕谁啊"。可刚吃完第一口，他就被辣得叫苦不迭。

陈夏被他的样子逗乐了。心底那点儿挫败感，像是冬日早晨里的薄雾，太阳一出，也就散得干干净净。

患得患失，本身就是高三学生的常态。很容易失望，也很容易就能重新塑造起对未来的信心。就像此刻，因为黄昏里的一碗拉面，以及对面的这个男生，让陈夏觉得，生活并非糟糕到一无是处。

这个男生，就是隔壁高中的姜哲。

陈夏绘声绘色地和我描叙两人相遇的场景时，眸子亮晶晶的，眼神里有藏不住的活泼泼亮堂堂的喜悦。我忍不住揶揄她："你该不会喜欢上人家了吧？"

"怎么会？就觉得他很可爱。"陈夏神情黯淡下来，继而埋头钻进题海。

那时距离高考，还剩不到两个月的时间。每个人都像上紧的发条，不敢有半点儿松懈。

请问谈恋爱能给高考加分吗？不能。

那就只能戒掉。

2

但你知道的，这个世界上有两件事永远无法掩饰，一个是打喷嚏，一个是爱情。我的闺密陈夏姑娘，猝不及防地在高考的节骨眼上，为一个在面馆里将她逗笑了的男生动了心。这天之后，她开始有了心事。

第二天黄昏，陈夏拉着我偷偷去隔壁学校打听姜哲，费尽心思终于在篮球场上找到他。

然后我不得不感叹，喜欢一个人的时候，这个人果真是会发光啊。我亲眼看到的姜哲，至少要在陈夏描述的基础上打八折。小眼睛、塌鼻梁的姜哲，丢在人群里，并非多耀眼。可他在陈夏眼里，仿佛自带背景音乐出场，一切都是刚刚好。

一眼看上去，姜哲是那种有点儿坏坏的男生。他并不适合好姑娘陈夏，这个我知道，除了陈夏之外的其他人也都知道。唯独陈夏，却像是飞蛾扑火般将这个男生放进了心里。

暗恋是种煎熬。就像文火熬汤，不管内里如何折腾，也只能闷闷地一个人独自咀嚼。好姑娘陈夏拉着我去找姜哲表白的那天，远远看着姜哲正和一染着黄头发的女生说说笑笑，陈夏瞬间就没了勇气。

那段日子，陈夏整个人有些心不在焉。看不进去书的时候，她就偷偷地溜到隔壁高中，坐在夕阳下看姜哲打球；常常在黄昏的时候去那家面馆，点一碗面，加很多的辣椒，等一个叫姜哲的男生……

高考后，陈夏拉着我再次去找姜哲。确切地说，是她打听到姜哲家的电话，拉着我在公共电话亭给姜哲打电话。电话响起来的那一刻，她紧张得将话筒扔到我手里，像个做贼心虚的小偷。暗恋一个人啊，就是这样患得患失。明明是对方偷走了自己的心，却像是自己做了那个贼。后来，电话终于接通时，对方却是个女声，我说了句"打错了"就赶紧挂断。

那个暑假，陈夏并没有找到对姜哲表白的机会。因为听说高考一结束，他就去了南方打工。他们不在一个世界，可这个男生却是陈夏心里的日月。

3

我们都没想到，剧情会反转。

大一那年寒假，陈夏回小城的时候，在街上偶遇姜哲。据说那个夜晚，姜哲看到她时，将她拦在半路上，十分霸道地说，陈夏，做我女朋友呗。

"他说这话的时候，整个人都醉在月色里，我完全没办法拒绝，你明白吗？哦，不对不对，我才不要拒绝。原来我喜欢的人竟然也喜欢我，天啊，这像是做梦一样……"陈夏跟我详细描述当时的场景。她的脸上，有温柔的笑意弥漫开来。陷入爱情里的小女生，恨不得和全世界的人分享自己的喜悦。

如果说青春本来就该肆无忌惮地任性一回的话，我羡慕陈夏可以在最好的年纪，遇到让自己脸红心跳的男生。然后借着青春的名义，认真地喜欢对方。

那段日子，确实是陈夏和姜哲最好的一段时光。我和陈夏都十分清楚，她的爸妈不会同意两人在一起，所以我成了他们的小跟班，成了他们约会时的挡箭牌。有时走在他们身后，忍不住感叹，青春真好，可以不问理由地去喜欢一个人。

假期结束后，陈夏回学校上学，姜哲去厦门打工。后来有个镜头总是反复出现在我的记忆里：小城火车站，黄昏的光线像是被镀上了一层金，姜哲表情认真地对陈夏说，乖，等我发达了就去找你。

他说这句话时，眸子里亮晶晶的，带着十分的笃定，完全不像我印象里有点儿浑有点儿无所事事的少年。陈夏哭得稀里哗啦，上了火车后，她一遍遍地问我，我和姜哲真的有未来吗？

我不知道如何回答她。

我想起宫崎骏说过这样的一句话："你住的城市下雨了，很想问你有没有带伞。可我忍住了，因为我怕你说没带，而我又无能为力，就像是我爱你，却给不到你想要的陪伴。"维持异地恋是一件辛苦的事，何况在我们外人看来，他们像是来自两个星球。

陈夏坐在图书馆里看书的时候，姜哲在南方城市的烈日里送快递送外卖，做着勤杂工，他说，等捞到第一桶金就去开公司赚大钱。

但现实有点儿残酷。姜哲因为交不起房租，被房东赶了出来。姜哲因为没领到工资，每天啃馒头。陈夏开始救济姜哲，她带家教，从早餐里省钱，然后全部汇给他。身边的人都说她傻，可她说就是见不得姜哲过得不好。

4

我见过他们在电话里最激烈的一次争吵。

因为那天，姜哲在电话里说，陈夏，我们分手吧。陈夏愣在那，挂了电话。等她反应过来自己不是在做梦的时候，她打电话过去，一遍遍地问姜哲，我做错什么了吗？

后来，姜哲换了号码，彻底消失了。

陈夏很受伤，那是她拿整个青春去爱的男生，他惊艳了她的青春，给了她关于爱情的美好期待，最后才知道，这个男生不过是个传说中的渣男。

好在，时光是解药。两年后，当陈夏终于笑着说起这段恋情的时候，有一天，她却突然收到姜哲寄来的一笔钱，以及一封信。

姜哲在信里说："陈夏，这是我欠你的，现在还给你。你不是一直问我为什么要分手吗？因为那时的我，糟糕得让我自己都有点儿嫌弃自己。我给不了你未来，胆怯到只好选择离开。我现在挺好，也祝你幸福。"

陈夏突然就哭了。

以前别人都说她傻，其实姜哲也很傻。他们都用自以为最好的方式，守护心底的爱情，最后却弄丢了彼此。即便多年后发现，是因为误会而分开，但终究是回不到最初的时光。那段时光，只属于肆无忌惮又多愁善感的青春。

青春会逝去，但情怀不会老。唯有在心底，祝我们的青春，永垂不朽。

旧笔记本里埋藏着青春

我的高三一去不返

许多多

最近在群里空间里总是看到以前的班导发的各种高考备战,作文指导,心理素质教育,才忽然醒悟,原来新一年的高考即将来临。

依然记得我的高三时光,我想,那或许是我青春岁月里一道磨灭不去的美好记忆,或许是因为颓废过,哭过,拥抱过,鼓励过,才会觉得异常珍贵。

原以为,当我踏出考场,我会前所未有的放松,但是那一刻,我似乎感到迷茫,有一种眩晕感,忽然忘了我接下来该往哪里走看着人群涌出的同时,感觉似乎生活一下子失去了动力,不知接下来该做什么?曾经以为,当我踏出考场那一刻,一定会觉得连空气都变得清新,然而,原来一切都那么快,三年时间在这场为时不长的考试中画上圆满句号。分离了同学们,而后我们即将各自远走,马不停蹄地去追逐自己的人生，这一离别，也可能就是一生。曾经的欢声笑语，轰轰烈烈，都即将埋藏在春去秋来落叶中。然而它来得那么自然，大家没有想象中抱头痛哭，没有挥泪告别，有的只是各种默默收拾自己的东西，然后默然离开……

曾一直期待，六月过后，我不用再半夜苦读，不用为了一天的好精神而在天还没亮时到操场跑上五大圈，不用再看到考卷发下来时某人的垂头痛哭，某人哗哗撕卷子；也不用在节假日趴在书桌上刷试卷……在现在看来，满满的都是回忆。

还记得，高三第一学期放假，各科老师每人发了不下十套卷子，然后分完还不忘补上一句，就先这些吧，剩下的下学期来再发，后桌的男生大声说了句，老师，要不然卷子不发了吧，我们不放寒假了……

然后的然后，春节，各家各户喜迎新春，高三的娃在题海中焦头烂额，然后就入学了，迎来了第一次模拟考试。

然而，或许也是因为煎熬，人与人也能变得更加亲近。

重新踏入以前的教室，熟悉的走到我的那一张课桌前，依然能记起除了满满的书桌面一角总摆着一个甜品盒，里面装满糖还有饼干，坐在周围的同学经常会在里面的东西快吃完时各种捧来一捧，然后各种争论谁的好吃。

当上课每个同学听课昏昏欲睡时，就会有人自发拿糖分发，一人一个，然后同学们拿到糖会心一笑，吃完后继续听课。

等到下夜自习回到宿舍，大家洗漱完，就会挤在下铺的床上，讨论数学题，讲解化学物理公式。记得宿舍有个女生睡上铺，有一晚上关灯前，她说："你们知道今早我为什么起这么早？其实我今早是被尿憋醒的。所以我想到一个好办法，每天就能起早了……"

然后在半夜，全宿舍被一声惊呼吓醒。原来这位女同学晚上喝太多水，下床上厕所，轻手轻脚刚要上床，她下铺就被吓醒了。最后导致全宿舍被吓醒了……后来，这个早起的方法不了了之，却成了同学们经常挂在嘴边的笑话……

现在想想，或许高三，是高中三年中收到最多关怀，舍友最亲密的一年，还记得大家半夜做完题，冲几包方便面能吃全宿舍，一人一口，谁也不嫌弃谁。躺下后谈论下人生，然后能因一句笑话哈哈大笑，然后引的宿管阿姨来敲门警告。

老师说过，不经历高中，人生是不完整的，然而我却想说，高中三年，应该只有高三最珍贵，不经历高三，没有经历过一个宿舍十几个女孩子亲似亲人的相处，那才生人生最大的遗憾，因为那或许是人生第一次重要转折，也或许是最后一次陌生人之间心与心彼此相近的时刻。

现在常常会回忆高三那年的欢声笑语，想起后桌的调皮男生一直说："高考过后你们谁也别来找我，我要和周公大战三百回合，不死不罢休，"然后引得大家相互吐槽……我想，或许在那段日子中，正是因为有这群可爱又懵懂的同学们，一直相互鼓励，相互嬉戏，苦中作乐，才能一直坚持下来，然后在时光沙漏中慢走忙碌中走到最后，踏入考场，奔向心中彼岸。

不知不觉，新一年的高考又即将来临，高三的学子们是否也像当年的我一样，或悲或喜，迷茫中带着坚定，亦步亦趋彷徨不安向前走。也或许，你们比我更坚定，勇敢朝着目标前进。

高三一年又一年，学子一批又一批，但只愿我们都能做出一个不悔的选择，在以后的时光中回想起来依然能会心一笑，常常珍惜缅怀。不论结果如何，高三一行，不负青春岁月一场。

暗恋笔记本

巫小诗

我和我的小床

我就读的高中,是本市历史最悠久的一所,单单我们一家四口,就有三位曾在此高中就读,除了我,还有我爸爸和我姐姐。

家虽离学校不是太远,但为了我能全身心投入学习,从高一开始,父母就让我住在学校。我自然是乐意的,这种自由的、有同龄人陪伴的生活,是我高中之前一直向往的。

我们的宿舍是上床下桌,从高中的第一天开始,我就没有换过床位,它位置很好,离阳台最近,每天太阳落山的时候,我床铺的二分之一能够洒到阳光,我经常把被褥调换位置，为的是它能够均匀地接受光照，在我夜晚入睡时，能嗅到阳光的味道。

故事从掉手机开始

高二的一天晚上，我洗漱完毕躺到床上，打开了手机，看看这一天有没有人联系我，我不使用手机的时候，它都是保持关机的。

学校禁止携带手机，但我们宿舍的每个人都有手机，我们不带去教室，藏在寝室里还挺保险的，睡前的一小段时间，是我们用手机与外部世界建立联系的时间。

我是全宿舍玩手机时间最少的人，不是因为我多么自律，而是我神一样的父母，为了限制我使用手机的时间，禁止我携带充电器来学校，且我的手机是非常奇葩的款式，几乎没有人的充电器能跟它吻合，因此，每周只能充一次电，我不省着点用，根本撑不到周末。

开机，没有未读消息，稍微看了一眼社交网络，也没发生什么与我有关的事情，关机睡觉。

"哎呀！我的手机掉进夹缝里了！"我一声惊呼。

其他室友有还没睡觉的，给我出主意说："明天早上起来捡吧，晚上声响太大，被宿管员发现，没收了手机可不好。"

也对，我便放宽心，睡觉了，反正手机在宿舍，丢不了。

神秘笔记本

隔天的午休时间，我早早地回到了寝室，从桌子的侧面，用撑衣杆伸进柜子的缝隙中，寻找我的手机。

因为它是关机状态，我无法确定它的位置，只能凭感觉，用撑衣杆瞎捯饬。

唉，感觉到了，我渐渐把力往回收，一个黑色的长方形物件从缝隙中翻了出来，但它并不是我的手机，而是一个布满灰尘的笔记本。

我暂时没有精力顾及它，毕竟午休的时间很短暂，我也不想牺牲自己的睡觉时间，赶紧接着寻找手机。终于，撑衣杆把手机弄了出来，我的右手臂简直二头肌都快练出来。

把手机擦拭干净，开机看了看，还能用，舒坦一口气的我，赶紧洗漱一下爬床午睡了，全然忘记笔记本的事情。

晚上回宿舍，我才细心端详起这个神秘的本子来。它可真脏，我不得不带上了自己冬季洗衣服才用的橡胶手套。

啊，原来是一个日记本，时代好久远噢，第一天的日期已经是十一年前了，那时候我还是个葫芦妹造型的小学生呢，而日记的主人是一名跟我现在一样大的高二学生。

翻了几页之后，我不禁脱下了橡皮手套，用纸巾轻轻地擦拭起灰尘来，因为这本日记里的文字，实在是太美了。

封面的署名是"麋鹿"，从这个名字，我暂时辨别不出主人的性别，但内容中多次提到"你"，从这个"你"有着长马尾、小梨窝，可以推测出，作者"麋鹿"是一位男生无疑。而且记得姐姐说过，她上学的那个年代，我这栋宿舍确实是男生宿舍。

字体非常秀气，从笔锋可以看出是钢笔，纸张泛黄，甚至还有一点受潮，正是这样旧旧的潮潮的气息，仿佛把我带回了"80后"哥哥姐姐们的青春岁月。

"你或许不知道，每一次课间在走廊的擦肩而过，都是我的精心安排。"

"今天看到了最新一期的校报，我和你的文章挨着，我们的名字变成铅字，并排的铅字。希望以后还有这样的机会，跟你的名字并排出现在那个红色的证件上。"

"你那么优秀，那么完美，我离你好遥远好遥远，如果我来不及说出那句话，很久以后更优秀的你，还会记得我吗？"

"你一定会上很好的大学吧，你好像很喜欢北京，我会跟你一起去北京的，不行的话，再来一年，当你学弟也可以啊，哈哈。"

一页一页，我居然就这么翻完了，从2004年翻到了2005年，他不是每天写，日期停留在五月，大概是高考来临，无暇记录了吧。这是他无意遗落的吗？还是故意把这段回忆留下呢？我不得而知。

　　我一方面为偷窥他人隐私而抱歉，一方面又被美好善良的情愫而打动，矛盾的心理，让我内心无法平静。

　　我不打算让室友知道，因为这毕竟是他人的隐私，多一个人看到，对他而言就是多一份的不尊重。我小心翼翼把笔记本合上，用塑胶袋套好，藏进了我的柜子里。

　　熄灯了，我爬上床，久久无法入睡。

美丽的好奇

　　十一年过去了，日记的主人应该已经有二十八九岁了，正常情况的话，这个年纪的他，已经成家了，或许还有个满地爬的可爱宝宝。他在哪里？过得好吗？有没有跟日记中那位美好的"你"走到一起呢？

　　对美好情感的憧憬，和对有文采男生的欣赏，迫使我决定，自己必需要为"麋鹿"先生做点什么。这本日记，十一年了，没有被任何人发现，似乎冥冥中注定了，它在等待我，我不能坐视不管。

　　我的姐姐大我九岁，也就是说，姐姐在这所学校念高一的时候,麋鹿先生在念高三,姐姐会不会认识他呢?可是这显然不是一个真名,告诉姐姐,也应该不知道吧。

不过能肯定的一点的是,姐姐肯定不是这个文中的"你",哈哈哈,我姐姐是个男人婆,才不是长发飘飘的梨窝姑娘呢,而且,女生肯定跟麋鹿先生是一个班的,从日记中能看出来。

不管了,目前唯一可能起到作用的就只有姐姐了,幸好姐姐在本地工作,周末回家问问她去。

我怀揣着这个小秘密,度过了艰难的两天,终于到周末了,回家见到姐姐的第一件事,就是把她拽到我的卧室里。

寻找"麋鹿"

"姐姐,你念高一的时候,有没有听过高三有个叫'麋鹿'的男孩子?"我神秘兮兮地问姐姐。

姐姐一头雾水,"你在说什么啊,迷路?还指南针呢!"

"不是真名啦,是个网名,或者笔名什么的,认识吗?"我追问道。

"不认识,不知道你在说什么。怎么了?"

"哎,说来话长,大概就是我在床底下的缝隙捡到一个日记本,署名是'麋鹿',字很漂亮,文笔很好,写了很多暗恋一个女孩子的内容,把我感动坏了,我想找到这个笔记本的主人。"我一口气告诉了姐姐,转念想想又不对,"但是我不想把日记给姐姐看,我觉得这样是泄露别人隐私,不好,我看了一遍已经觉得很抱歉了,不想再让别人看了。"

"哎哟,这情节,说起来就跟影视剧似的,你不给我看也成,日记里有没有提到什么具体内容或名字,可以推测出主人公的?"姐姐说。

"好像没有……对了!有,他跟她喜欢的女生是一个班的,而且他2005年3月在校报上发表了一篇文章,跟这名女生的文章挨着,两个人的名字在同一排!"说完之后,我感觉有戏了,"姐姐!我记得你从高一开始就是校报的编辑,对不对?你应该保存了每一期校报吧?有没有同学用笔名登文章的?"

看着我中了五百万似的开心,姐姐感觉我神经有点问题,"我们校报规定实名刊载,不允许用笔名的,一个学校就是那么些人,用笔名多奇怪啊!"

虽然表现出对我很嫌弃的样子,姐姐还是去她房间抱了一摞报纸,放到了我的书桌上,说让我自己翻,别给她弄破了就是,说罢,没有再理我。

麋鹿和迷陆

校报每月出两期，我直接找到了2005年3月的那两期，按照"同一个班级""男女生文章并排"这两个关键信息去寻找。果然皇天不负有心人，我找到了！

男生叫王伟，一个在马路上喊一句，会有多个人回头的名字，当我看到女生的名字——陆茗时，我几乎要哭出来，啊！她姓陆啊！

也就是说，男生日记本上署名的"麋鹿"跟"迷陆"同音，是迷恋她的意思，天呐，太戳我心了！我泪点好低的。

我从戳泪点的思绪中回过神来，现在掌握了男女当事人的名字，其他一无所获，而且男生这种重名率极度高的名字，想找到本人，真是难上加难。

我去问姐姐，认不认识这两个人。她说男生不认识，女生似乎听过名字，好像成绩挺好的，其他也什么都不知道了。

线索似乎就在这里断了。

爸爸从客厅飘来一句，"有时间当你的福尔摩斯，不如好好做点练习题，竟是瞎操心！"

啊，可恶，肯定是姐姐刚才在客厅跟老爸多嘴了。明明都是同一个高中的校友，他们怎么就一点儿不关心自己学校毕业生的终生幸福呢,真是的!

我关上房门,开始重新计划这一伟大的寻找行动。

既然男生的名字如此普遍,他个人又在学校毫无名气,那找他应该不如找到那位名叫陆茗的女生,找女生肯定要容易些。

而一位成绩好,长得也不错,还在校报上发文章的姑娘,绝对是很讨老师喜欢的,即便毕业多年,教过她的老师,应该也会记住她,所以,问问学校里资历较老的高中老师应该就可以。哈哈,我真是佩服自己的推理能力。

知 情 人

因为是语文课代表的缘故,我跟语文老师关系比较好,课间交作业的时候,我委婉地问起了女生的消息。

"老师,您记不记得有一位2005年毕业的名叫陆茗的女学生?我姐姐说她当年读书的时候,很欣赏这位学姐,我想打听一下。"为了保护男生隐私,我拿姐姐当挡箭牌撒了个小谎。

"噢,陆茗啊,记得,那女生很乖巧的,成绩也不错,没记错的话,考上了一所二本的师范类院校。"老师记性很好,立马回复了我。

二本?我心生疑惑,按照男生描述的女生那么优秀,以及姐姐印象中的成绩很好的学姐,在我们这种重点高中，她不应该是那样的成绩啊，但我也不好直说。

老师补充道，"这女生啊，也不知道怎么搞的，平常成绩肯定是能上一本的，高考却考砸了，上了一所本省的二本院校。那时候比现在麻烦，是先报考再出分，估分没估好就麻烦了。那一年也奇了怪了，看好的学生没考好，不看好的反倒是考得不错。"

不看好的学生反倒考得不错？我脑海中有了一个大胆的猜测，我鼓起勇气，"老师，您说的不看好却考好的学生，难道是姓'王'？"

"对！对！叫王什么来着，一下想不起来。"

"王伟？"我说道。

"哦，对，王伟！这小子，我之前一直觉得他能考上二本就不错，高三下学期突飞猛进啊，高考更是超长发挥。他当时报考北京的一本学校时候，我还制止他呢，我说你估分不要太乐观了。他说不管是不是那么多分，都要报北京的一本院校，拦都拦不住啊，幸好他的分数确实挺高，不然真是浪费了好运气了。"老师说出"运气"二字时，我觉得不太妥当。

老师回过神，"欸，你怎么什么都知道？这都是十来年前的事了。"

我若有所失，"啊，没事，都是听姐姐说的。老师那我先回去了，快上课了。"说罢，我仓皇而逃。

"好，你先回去吧。好像这个陆茗现在在咱们市二中当老师，也不知道是不是。"老师说这句话的时候，我已经走到门边了，我听进去了，但我没有回头继续聊，因为我心情失落。

寻找陆茗

天呐，一个超长发挥，二本变一本！一个发挥失常，一本变二本！这如果仅仅是巧合，命运简直太作弄人了！两个原本不同的人，如果要刚好遇上，需要一个不变量和一个变量才行，两个一起变，就糟糕了。

我越想越不对，我甚至有一种女生也可能喜欢男生的错觉，要知道，一个尖子生，怎么会发挥失常到这种地步！会不会是，男生从不坦白，但女生心里也有感觉，女生知道男生考不到自己那么高的分数，主动少考一点儿，为了离他分数近一些？

哎，我是不是一开始就是错的啊？掺和别人的事，搞得自己上课都没了心情。但是，我真的很不舍得有情人相隔天涯，也不舍得有才华的人因为误会而被埋没。

晚上回到宿舍，我打开了手机，决定给自己二中的曾经的初中同学打个电话，她叫田田，初中的时候我们玩得很好。

"田田，你们学校有没有一个女老师叫陆茗啊？"我小心翼翼地问道。

"有啊,她就是我们班的英语老师,怎么了?"田田不假思索地回答。

这么快就找到了当事人,让我有点儿不知所措,我不知道说什么好了。顿了几秒钟,我很无聊地问了一句:"她应该长得很好看吧?"

"对啊,我觉得陆茗老师是学校女老师中最有气质的,声音也好听,是女神级别的老师呢!对了,你还没告诉我,问这个干什么呢?"田田问。

我又激动又慌张,哪里还说得清话,更不想把复杂的来龙去脉再讲一次,觉得多一个人知道他俩之间的秘密,都是对当事人的不尊重。我转移了话题,"我记得你们学校下午比我们学校多一节课对吧?你们哪天下午最后一节课是英语呀?我想来见一见这位老师,我有重要的东西要给她。"

"明天就是啊,你真的要来吗?外校学生进不来的噢。"田田说。

"没事,我在校门外等你,你下课就出来陪我,我们一起等她出来。见面再告诉你具体发生了什么吧,我手机电量不是很充足,就这么说好了,晚安。"

我挂掉了电话,电话那头的田田肯定是一头雾水。

错　过

　　我们两所中学之间隔了六站公车的距离，放学后，我顾不上吃饭，把日记本放进书包就往公交车站奔。等我到达二中校门口时，刚好听到他们的放学铃声。

　　三分钟后，田田也飞奔到了我面前，我们还没聊上几句，她就指着刚出校门的一位气质优雅的女士说："喏，你看，那就是我们陆茗老师。"

　　年龄应该接近三十岁了吧，可是看起来还是很年轻呢，没有女老师那种古板严肃的模样，脸上带着笑，还有小梨窝，比我想象得还要美呢。

　　"什么事让她这么开心啊，一直在笑。"我问田田。

　　"因为他先生每天来接他下班啊，她好幸福的，我们可羡慕了。"

　　"先生？她结婚了？她先生姓什么啊？是姓王吗？"我更加激动了。

　　"你好奇怪啊，为什么一定要姓王呢？姓丁，她在课堂上说过，因为丈夫姓丁，所以宝宝的乳名叫小叮当。"田田说。

　　五雷轰顶！她不仅有了丈夫，还有了儿子，而且，女主角的丈夫不是我捡到日记本的男主角！我当场就哭了出来，感觉自己所有的努力都是白费，所有期待和祝福都成了泡影。

田田在一旁不知所措,"你怎么啦?你不是有东西要给陆茗老师吗?她马上就上车了,你再不去,老师就走啦。"

"这个东西可以不用给她了,来不及了,没有意义了。"我哽咽得无法说更多的话。

田田一直在安慰我,我无法跟她多说什么。这是两个人的回忆,我不应该瞎掺和,也更不应该把秘密诉说给更多人听。

至于当年有一个男生多么仰慕一个女生,为她多么努力,这似乎已经不重要了,而她是否明白男生的心意,在高考中故意考低分,也不重要了。她现在过得很幸福,这就够了,我应该祝福她。我相信男生也跟我一样吧。

告别了田田,我赶回了自己的学校,晚自习迟到了一点点,老师见我两眼通红,问我怎么了。我说没事,就是有点儿不舒服。老师让我回座位趴一会儿,我说谢谢。

回到座位,尽量让自己不去想这件事,疯狂地写作业,看书,可是眼泪盈满眼眶,书本上的字都看不清了。

继续安眠

歌里唱道,流星是因为背负了太多心愿,才摔得那么重，我觉得自己只是背负了一个他人的秘密，而让自己心情沉重。

把这个秘密说出来，对已经结婚生子的当事女生是一个伤害，不说出来，对日记本的男生又是一个遗憾。

可是，这就是暗恋啊，暗恋之所以美好，就在于那一份不计较后果的真挚情愫吧？男生在写下那些优美文字的时候，是不计较女生会不会回头多看他一眼的。女生在高考决定少考出分数的那一刹，也是敢于承担后果的。他们都是心甘情愿付出，只是刚好错过了而已。

现在女生工作稳定，家庭幸福，他如果在场，也会由衷为她高兴吧？而我，这个美丽秘密的发现者，会继续为他们保守这个甜蜜又心酸的秘密。

这个日记本，我没有权利占有，最好的方式是，把它放回原来的地方，让它去感动下一个人，或者，再没有人发现。

我爬上自己宿舍的床铺，把日记本小心翼翼地扔进了夹缝里，让它回到沉睡了十年的小空间，带着自己美丽的故事，继续安眠。

旧笔记本里埋藏着青春

陈 晨

蒲公英的约定

和宋沐阳分手的第三天,我一个人去了看了一场周杰伦的演唱会,可粉丝们的话题最终并不在演唱会上,而是线上线下齐刷刷喊,"昆凌,请照顾好我们的青春!"

可宋沐阳偏偏不喜欢周杰伦,所以我也很久没听周杰伦的歌了。这样说来,我算是为了我的初恋宋沐阳硬生生抛却了"青春"。

和粉丝们一起使劲儿挥舞着荧光棒,扯着喉咙狂喊,想找回一点点关于"青春"的回忆。

终究,在那首《蒲公英的约定》快要结束的时候,眼泪汹涌而出。

不是因为失恋，不是因为宋沐阳，而是因为另一个，曾经说过要带我去看周杰伦演唱会的人，他叫张小年，曾陪我疯闹过好多年，整天都是周杰伦的歌挂在嘴边，从《七里香》到《大笨钟》没有一首不会唱的。

"而我已经分不清，你是友情，还是错过的爱情……"

不，请叫我蛋糕王子张小年

故事的最开始，是在多年以前的大夏天。

那天我生日，爸妈却在屋子里吵得不可开交。可想而知，生日蛋糕是没戏了。

自己揣上仅有的零花钱，跑去了最近的蛋糕店，却连店里最便宜的也买不起，眼巴巴地望着。

最后，柜台的小男生终于看不下去了，大概是看我可怜吧，想把蛋糕送给我。

但我摇了摇头，说了声"谢谢！"就走出了蛋糕店。

小男生却追出来，一脸委屈的模样说，大夏天的，这蛋糕要是再卖不出去就会坏掉的。他说给我打折，可打完折后，我的钱还是不够。于是他又说，剩下的下次给吧，我跟你同班。

我"啊"了一声，抱歉，那时候我有点儿不愿意和别人交流，我在班里坐最后一排最角落的地方，基本上没跟谁讲话,所以也不太记得班里有哪些人。

"那,听好了哦,我叫,张——小——年。"

"哦,张小年!"

"不,请叫我蛋糕王子张小年!"

"噗……"

后来,他陪我一起吃蛋糕,给我唱生日歌,还拍着胸脯告诉我,以后每年都会陪我过生日,还说班上有谁欺负我了也可以找他。

我问他为什么要对我这么好。

他却说:"老师不是说了嘛,同学之间该互帮互助的呀,所以以后你也得多帮帮我!"

"那我要怎么帮你?"

他眨巴着眼睛很认真地说:"我家蛋糕经常会卖不完,你有空了就过来帮我一起吃吧。"

可事实上,蛋糕吃多了真的会腻到你闻着奶油味就会想吐的,所以在我终于闻着奶油味就想吐的时候,我只好见了他家蛋糕房就绕道走,这个忙我真的帮不了了。

但是后来,他在放学的教室门口堵住我,跟我说抱歉,还说上次那个蛋糕不是快要过期了,而是已经过期了,还问我有没有事,要不要去医院检查检查。

我连忙摆手说不用不用,我现在好得很!

他还让我小声点不要张扬,不然他家生意会很难做的,所以为了弥补我,他想请我吃点儿别的。

我点了点头,说:"保证不说……"

就这样,一来二去,听爸妈吵架的日子仿佛也没有那么难熬了,因为有了蛋糕王子的陪伴,时光一晃便从初一晃悠到了初二。

听歌的日子

初二的时候,爸妈的争吵,应该是达到顶峰了吧,他们甚至能把楼上楼下的人吵上来敲门,让他们小声一点儿。

于是,我开始学着电影里酷酷的小男生,走哪都戴着耳机,手机里满满都是流行歌,正巧那时候,周杰伦的歌很流行,听多了也跟着哼哼起来。

张小年竟然跟中了彩票似的眼神看着我,"天呐,你竟然喜欢周杰伦!"

"还行吧,他的那首《七里香》还不错哦,你也听听。"

后来,我发现我和张小年除了在吃东西方面有共同语言之外,在听歌这方面也是有共同语言的,而且,他学歌超级快,并且都唱得不错。

日子久了,我渐渐开始不带耳机了,因为有张小年在的时候,我只要想听什么歌,他就会唱给我听,比耳机里传出的千篇一律的调调要有感情多了。

所以，为了有好听的歌声陪伴，我跟张小年走得更近了。再久一点，便成了无话不谈的朋友。

对一个人好是不需要刻意去学的

我想我一定是个太慢热的人，不然为什么，在张小年出现之前，我都没什么朋友。我把我这个想法告诉了张小年。

张小年却说："还好我有足够的耐心，并且够机智，不然，搞不好，我们也成为不了朋友。"他说完自信满满地笑了。

其实我之所以这样对张小年说，是想让他教教我，有什么好的办法能和一个人从陌生人很快变成好朋友。

他却故作深沉地跟我说："其实，对一个人好是不需要刻意去学的，因为，你会不自觉地想要对她好，逗她开心，久了，她就能感应到了，再坚持坚持，就能成为好朋友了。"

我还没来得及说些什么，他笑嘻嘻地说："对了，你想和谁从陌生人变成好朋友呀？"

"没有啦！随便问问！"我说完，转身走掉假装要去洗手间，脸却莫名发烫了。

其实，是有的。他就是宋沐阳，是我初三的新同桌，他是个很好的男生，我已近注意他很久了，虽然每次都跟我争第一，可是我却并不讨厌他，相反还很佩服他。他除了成绩好，还写得一手好文章，会画画，对人也比较和善，班上只要有同学问他问题，就算是张小年那样不爱学习的同学，他也会很耐心地讲解……

我知道，在中考将至的时间里，我最应该做的就是好好复习，不应该想别的。可我还是忍不住，总拿各种习题问他。甚至有时候，就是自己会的，也要让他讲讲，好在他脾气好，没嫌我烦，所以我在心底，又默默给他加了不少分。

后来中考结束，爸妈终于不吵了，和平告别了，我跟了妈妈。我记得爸爸走的时候，跟我说，"千万不要像你妈妈一样，要做一个聪明的女人……"

我点了点头，没有哭，帮他拎行李，送他到门口，理智得有些过分。却在深夜的街头，死命捶打着张小年，鼻涕眼泪抹了他一身。

后来终于消停了，不哭也不抹鼻涕了，宋沐阳却突然出现了，他扛着满身酒气的男生，微笑着说："好巧啊，你怎么会在这里？"

看到宋沐阳笑了，我立马也笑了，我说："看月亮。"

他竟然哈哈大笑起来："我先送我兄弟回去啦，你们，继续！"

他走后我又举起了小拳头，追着张小年满街打。

对面的左佳佳看过来

　　值得庆幸的是，我和宋沐阳终于上了同一所高中。可让我意外的是，张小年那个从前最不爱学习的家伙竟然也考进了我们这所本市最好的高中，并且没有走后门没有塞红包，并且还上了校报头条，名曰《从学渣到学霸的逆袭》。

　　这就算了，可恶的是张小年那家伙，竟然为了在学校更加出名，还把我也搭了进去，还写了一篇名字叫《对面的左佳佳请看过来》的稿子，递给了校广播站。

　　虽然稿子写得确实很搞笑，班上同学都乐呵呵地笑了，我也偷偷笑了，可是听着大家的议论纷纷，我还是决定了，一个晚自习不搭理他。

　　可这也就算了，我本来准备第二天早上就不生他气了。可一看见他我就气不打一处来了，他竟然把扫把背在背上，还说什么要"负荆请罪"，还说什么我不原谅他就一直背着。

　　我觉得我的脸都要被他丢尽了，"张！小！年！你过来，我保证不打死你……"

　　又是一阵全班性的哄堂大笑。

　　后来，我路过走廊的时候，甚至能听见窃窃私语，"原来左佳佳也是个女汉子嘛。"这，到底是夸我呢，还是损我呢？要怪都得怪张小年那货。

不过说来也奇怪了，自从那次我满教室里追着张小年打后，连班上好多男同学都开始跟我说话了。据班上一个瘦小经常被欺负的小男生说，在班上连张小年都敢揍的人，一定是个有血气的狠角色，要知道他张小年在没逆袭成学霸前，可是跆拳道黑带的学渣，打架斗殴可是家常便饭，班上男生可都不敢惹他呢。

因为你值得呀

虽然张小年自从中考逆袭成了学霸后，便不再和人打架了，但高二的时候，张小年还是因为打架被罚站政教处了。

说起来也还是因为我。那天放学，宋沐阳被一个大个子男生堵在了小巷子里要钱，张小年骑着单车带着我正巧路过，见此情形，我立马跳下车就冲上去了，张小年也是急忙刹了车跟过来。

可张小年一失手，不小心把人家脑袋给打破了，大个子流了很多血，被紧急送往医院。

原来大个子其实也是学校数一数二的尖子生，只是高三压力太大，迷上了网络游戏，花光了所有的钱，最后想办法弄点儿钱而已，却不想钱没弄到反而弄伤了自己。

大个子家长来了以后，却不依不饶，说就算孩子有点儿过错也不应该下这么重的手啊。

于是，后来张小年不但没有得到该有的鼓励，却被罚站政教处。但不管怎么样，张小年在我和宋沐阳心里都是见义勇为的英雄。我们为他感到惋惜，他却没事人似的说，没事，因为你值得呀。

我打趣说道："哎，宋沐阳，你看张小年对你多好。"

宋沐阳倒是咧开嘴笑了，对张小年说了声，"谢谢"。

我以为，宋沐阳会因为这件事跟我走得近一些，可事实上，他和张小年反而一下子成了好哥们，还经常勾肩搭背一起上洗手间。

被遗忘的礼物

后来高三，我和宋沐阳的关系也还是不远不近的。而且只要我们三个人一起的时候，我会和张小年说话，他也会和张小年说话，但我们之间说话却常常要张小年在中间翻译。

张小年也经常开玩笑说，他夹在我和宋沐阳中间，真觉得自己像古代的信鸽，或者像民国的电报。

只是有一次月考过后，宋沐阳主动和我聊起了天，他问我想去哪个大学。

我说:"C大。"

他说:"这样啊,我想去J大,因为……"

"原来你是个话痨。"

他竟笑呵呵地说,"这样啊,因为我这个人,在不熟的人面前话少,但在熟人面前就话多了。当然,在特别的人面前,会出现两个极端,要么是话特别少,要么是话特别多,比如在你面前。"

原来,不是我自作多情,在他那里,我也属于"特别的人"。没有人注意到,那天下午的四节课,我全在发呆,脑子里全是在想宋沐阳说的那句话。

后来高考,高中落幕,一切照旧。

令我意想不到的是,宋沐阳在我生日那天向我表白了,书呆子一样的他竟然买了蜡烛、烟花,还有玫瑰,也真是难为他了,桥段真的有点儿俗,但我还是感动得落泪了,点点头,答应了他。

我喜欢的人正好也是喜欢着我的,这真是世界上最美好的故事。我们吃饭、唱歌、聊天,说未来谈理想,想要把之前没说的话都补回来,到深夜他才送我回家。

据我妈说,张小年来找过我,见我不在就留下了礼物走了。

太晚了,我真的困到不行了,我把张小年的礼物随手扔在了角落,准备第二天看的,可是第二天,我就忘记了。

你不像我想象中那样好

再后来，我随宋沐阳去了J大，却从其他同学那里听说张小年竟然去了A大。之所以是听说，是因为，自从那天我生日后，就再也没见到他了，电话短信都不回，只有微博在不断更新，显示他是在进行一场说走就走的旅行，去的全是我们曾经畅想过的地方。

不过对我来说，那些地方不去也没什么，因为有宋沐阳在，因为我知道张小年一定会代替我看完我没看过的风景的。

我以为我会这样和宋沐阳云淡风轻地走下去，可终于有一天他忍不住了，他对我说："分手吧，为什么你不管做什么事情都要提起张小年，吃饭的时候会跟我说你曾经不喜欢吃的肥肉会扔给张小年，送我的围巾、手套也要买两份，一份给他，还说他一定会喜欢的……"

"还有呢？"

"你不像我想象中的那样好。"

"嗯，你也不像我想象中那样好。"

理智得有些过分，没有哭闹，在分手后的第三天，一个人去看了周杰伦的演唱会。

记得曾经我好像跟张小年约定过要一起看的吧，但是现在只有我一个人去了，就好像那些我们曾经计划过无数次的旅行，最后也是他代替我完成了。

也许朋友之间，帮彼此完成心愿，也是一种分担吧，这心愿，无关大小。

角落里的笔记本

看完演唱会，我回了家，到阁楼收拾以前的旧东西，想把关于宋沐阳的东西统统都扔掉，却在角落里找到了张小年送我的最后一份礼物。我才想起来，那天也正是我答应和宋沐阳在一起的日子，初恋太甜蜜以至于忘记了拆开看看老朋友的礼物。

拆开礼物盒，竟然是一个旧笔记本，还有一张过期的演唱会门票。

翻开旧笔记本：

2008年某天

那个我总是注意的女孩子，竟然来我们家买蛋糕了。

她皱着眉头盯着那个水果蛋糕看了好久，于是我趁老妈不在想把蛋糕送给她，但她可真是个倔强的女生呀，说什么也不要，直到我收下她的钱说剩下的下次给吧，我跟你同班。

她竟然"啊"了一声，好郁闷，竟然在我们

学校还有不认识我张小年的人！好失败！

不过也对，她可是班上最乖最可爱最专心搞学习的女生……

2009年某天

原来她这样的好学生也有喜欢的明星呀，那个周杰伦简直走了狗屎运了！

对了，她说他的那首《七里香》特别好听，我今天下午偷偷练习了一下午，连我家狗狗都听着我的歌陶醉得睡着了，嗯，明天去学校的第一件事就是唱给她听，嘿嘿。

我以后还要唱会更多首！

2010年某天

今天换座位了，老班真过分，竟然是按成绩分座位。

我的成绩好差劲，只能坐最后一排，我好难过，因为她坐在第一排离老师最近的讲台下。和她同桌的竟然还是个男生，我一定要好好学习！

第一排，总有一天我会来的！

吃完晚饭我丢掉筷子就进了书房写家庭作业，老妈原本是气呼呼地进来，以为我又是在玩游戏的，见到我主动写作业，竟然还摸了摸我的额头，问我是不是发高烧了。

我倒想问问，我到底是不是亲生的了。

老妈于是给了我两倍的零花钱，这些钱，我当然不会花了，我要把它存起来，等将来带上她一起去看杰伦的演唱会，嘿嘿。

2011年某天

今天我画了一幅她侧脸的素描，我问她好不好看，我有没有当画家的天赋。

可她只是愣了一会儿才跟我说，嗯，旁边题的字不错，还是写字吧。

既然，她说我的字不错，那我就当个作家吧，当作家好像也不错哎。

所以中午匆忙吃完饭我就赶忙回了教室写了一篇稿子，叫作《对面的左佳佳请看过来》，递给了校广播站。

我不过是想要让她多笑一笑嘛，可是通过校园广播念出来后，莫名其妙在班上引起了不小的轰动，大家都开始对她议论起来。

所以最后的结果是，她整整一个晚自习不理我了。

怎么办？怎么办？怎么办？我要不要学着廉颇，背着荆条，请罪去呢？可是上哪里找荆条呀……

2012 年某天

今天又破戒了，打架了，被罚站也是应该的。不过看着她紧张的样子，就是让我再站上三天三夜也没问题……

2013 年某天

高考终于结束了，我有点儿担心，不知道能不能去她心仪的 C 大。好希望我的分数不要差她太多，因为我想跟她一起上同一所大学，学同一个专业，然后还做同桌。

哦，好像听说大学是没有同桌这一说法的，座位都是要去占的，那好，到时候，我就早早去占两个挨在一起的座位……

2013 年某天

分数终于出来，我的分数真的够上 C 大了，真高兴，想到马上就能和她一起上大学，我就开心的睡不着。

对了，宋沐阳那个呆子今天竟然问我，该怎么跟一个女孩子表白。我往死里嘲笑了他一番，说看破红尘的他终于也情窦初开了。不过，后来我死磨硬泡他还是不肯告诉我，他要表白的对象是谁。好吧，既然人家不想说，那我也不勉强了吧。

后来我告诉他，可以学着电视剧里面，买蜡烛呀，放烟花，再加上一束鲜艳的红玫瑰，然后再深情告白，虽然这招俗了一点儿，不过只要那个女生对他有点儿意思，都会答应的……

可是晚上我真的睡不着了，为什么我可以教书呆子告白，自己却不敢，我张小年怕过什么，怕什么呢，我好怕说出来连朋友都没得做了。可是……

2013年某天

薇薇，生日快乐。

这个笔记本，记载了我们的故事。但有一件事，我憋在心里很久很久了，现在我想把她说出来。

我想你做我女朋友，想了很久了，比很久很久还有久。

可是我也怕，说出来了，最后连朋友都变得生疏了。

所以我想在你生日的时候给你这个笔记本，如果你还给我，说明同意了，让我继续写我们的故事。这里面还有一张演唱会的票，我真希望可以和你一起去看。

如果你不同意，也没关系，等我们一起上大学，我们继续做好朋友，我换一个笔记本，继续写我们的故事，直到你答应为止，好吗？

谢谢你照顾过我的青春

合上旧笔记本，望着那张旧演唱会门票，很久，我终于拨通了张小年的电话，接电话的却是一个娇滴滴的女生，"喂，这么晚了，找我家darling有事吗？"

"呃，没事。"挂了电话，我真的开始相信"造化弄人"这句老掉牙的话了。明明早已选择了目的地，却半路走反了方向，可最终到底是造化弄人，还是自己放弃了？

后来很久都不再联系了，再后来我生日，张小年发过来短信，只有四个字，生日快乐。

我回给他："谢谢你还记得。"

他回："不谢，也不知道自己为什么会记得，这么多年。"

我回："谢谢你照顾过我的青春。"

很快，他回给我："也谢谢你来过我的青春，让我有那么多事情可以做。"

然后依旧是没有联系的日子，也许等下一个生日，他还会给我发来四个字，我也会回给他两个字：谢谢。

逆光少年

倩倩猪

亲人只有相互生活照顾，才能有血浓于水的羁绊。

之一：唯有老头老太不可辜负

我背着书包趴在学校围栏上发呆的时候，学校大门口陆陆续续来了一些家长，他们大多骑着破旧的自行车，接走了自己的孩子。

拥挤的学校门口一点点稀松开来，我还是保持着托着腮帮的动作，其他的同学都比我幸运，他们至少有父母一方陪着，而我父母双方都不在身边，我在等着年迈的奶奶。

刚升入这所县里最好的初中时，由于前两年学校走失学生的事，学校规定每一个学生都要在家长来接之后才能放行回家，这样的规定持续了三年。

天色有点儿暗了，农村不像电视里的大城市那样有路灯，一眼望去，除了每户人家散发的微弱灯光，整条路显得暗淡无比。

不远处，有一个人影蹒跚走近，我急忙奔去，路过门卫室的时候挥了挥手，"大叔，我奶奶来了，我走了。"

大叔边看着新闻联播边煮着泡面，抬头轻轻扫了一眼外面，回应道："路上小心！"

奶奶喜欢我叫她老太，就像叫爷爷老头一样，说这样既显示我小小男子汉的霸气，还体现一种传统的爱，黄昏之爱。

我当时就笑奶奶，说老太不管你多大年龄，女人终究是女人，永远像个小女生般心思细腻，爷爷就在一旁说我没大没小。

回去的路日渐漆黑，奶奶带了两把手电筒，递给了我一把，我还没来得及打开，奶奶就从荷包里掏出一瓶花露水，给我从上到下全身喷了个遍，嘴里是慈祥的宠溺："夜路蚊子多，多喷点多喷点！"

我想起平时奶奶都舍不得自己喷，却在给我喷时毫不节省，我低着头红着眼说道："老太，够了够了，你也给自己喷点儿。"

奶奶却说："老太年纪大，皮厚不怕。"

半个小时后，我和奶奶回到了家，爷爷已经煮好了晚饭,我凑近桌子一看,惊讶地问:"老头,今天什么日子啊,还煮了鸡汤。"

爷爷拿了碗筷摆在桌上,脸上是意味深长的笑容,"亚宁,你看你升学考试也快了,爷爷给你补补,好考个重点高中,以后有出息。"

我点点头,瞬间秒懂,拿起筷子给老头老太一人夹了一个鸡腿,最后还是被他们以我学业重为由如数夹到了我的碗里。

虽然没有父母在身边陪伴,但我感谢家里有老头老太,让我的生活里,唯有他们不可辜负。

之二:原来我也和大家一样有个代名词

周一回到学校后,教室里七嘴八舌地说着发生了一件大事,县里的另一所初中有学生离家出走,还上了新闻。

我撇撇嘴,掏出了课本自习,后桌的许萌萌轻轻地敲了敲我的肩膀,我扭过头问什么事。许萌萌一脸疑惑地问我:"曲亚宁,你都不好奇吗?都上新闻了耶。"

"离家出走上什么新闻,上了新闻就说明不是离家出走那么简单。"我刚说完,就看见许萌萌一脸崇拜地看着我,嘴里念念有词:"哇,曲亚宁,你好会分析哦。"

花痴脑残女,这是我给许萌萌,哦不,是我们班的女生统一的代名词。在小地方,有点儿风吹草动就大动干戈,有点儿不一样的眼界,就觉得你是夏洛克·福尔摩斯,眼界狭隘,头发长见识短。

班主任是个发福的中年男人,每次进教室都是一副气喘吁吁的模样,这次也毫不例外,只是偏偏走在讲台上并没有像往常一样打开课本板书,而是径直走向了位于讲台靠墙最里面的那台电视机。

电视机画面颤抖了两下恢复了正常,新闻里正在播出刚刚教室里讨论的离家出走的学生,十四岁,性别男,离家出走原因是想去邻市看望打工生病的母亲,但是最后在火车轨道附近发现其尸首。

新闻里的播报员声音好听,可是后面说出的话却让班里三分之二的人禁了声,包括我,耳边都是一个女声在幽幽地诉说着一个事实,现在根据这则新闻让我们联想到了什么?对,就是现在中国一个很普遍的问题,留守儿童的问题,大人们纷纷出去打工,留下老人孩子在家里,明则为了赚钱养家,实际上不但错过了与孩子最容易培养感情的时间,还给孩子带来了很大的伤害……

新闻播完,班主任关了电视,站在讲台上感慨地发表了几分钟的言论,然后让我们根据这则新闻,写一篇八百字的作文。

我手里转着圆珠笔,盯着桌上的格子本发呆,原来我也和大家一样有个代名词——留守儿童。父母不在,我告诉自己爷爷奶奶也是一样的;我自命清高,以为自己和其他人是不一样的；我把每一科都学得很好，还扩展自己的课外阅读和见识，就是为了有一天可以真正长大，让那两个丢下我的父母后悔，让爷爷奶奶骄傲。

可如今，一则新闻报道，就让我所有的努力都成了自己眼里的笑柄。

下课后，我还是一个字没写，倒是许萌萌已经写完了一半，走过我身边时停了下来，坐到了我同桌的位置上，神秘兮兮地说道："曲亚宁，你是不是不知道怎么写？"

我笑，不语，许萌萌接着说："其实我和你一样，也不知道怎么写，抄了一节课的歌词也是醉了。"

我回头看了眼许萌萌桌子上的作文本，果然是歌词，我也就那么随便一问："你怎么知道我不知道怎么写？"

"因为我也是留守儿童啊！"许萌萌说这话的时候，眼里没有悲伤，只有一汪清水，还泛着笑意的涟漪。

许萌萌真是个乐观的女生！我也没想到，一节课之前，我才给许萌萌下了一个不太友善的定义，一节课之后，我居然又重新给她下了一个友善的定义。

之三：许萌萌讨了老太的欢心

全班六十三个人，可这次的作文却只交了十七本，班主任围绕着教室走了整整两圈，然后在一组和二组之间的走道上停下了脚步，面色沉重，"好吧，我知道，这次有点儿为难大家了,可是你们有没有想过,如果这次作文是升学考试的作文也不写吗?"

教室里一时间鸦雀无声,我依旧埋着头看校外书店租来的《一个人的好天气》,手里转着圆珠笔,仿佛班主任的问题与我无关一般。突然间,许萌萌站了起来,迟疑了一阵仿佛鼓起所有的勇气才开了口:"如果升学考试的作文真的这般变态,不写也罢。"

话毕,四周响起了此起彼伏的掌声,班主任大喊着"胡闹",全班再次安静了下来,我不知是看书入了迷还是真的有心接话,只听见我说:"说得好!"

班主任略带嫌弃的眼神瞟着我,然后结束了这场无厘头的讨论,紧接着为了升学考试给我们画重点。

放学后,许萌萌就和我一起站在围栏边等家长来接,有意无意地聊着闲话,我这才知道,许萌萌比我还惨,连爷爷奶奶都没有,是寄住在亲戚家的。

亲戚家很忙,根本没时间或者说也懒得花时间来接许萌萌,于是她每次都留在教室里自习,等到所有的人都走了,检查卫生的大婶才会好心送她回去。

不知是同病相怜,还是我突然觉得许萌萌其实是个好女孩儿,于是我踢着围栏边的枯草,小心翼翼地说:"以后我和老太一起送你回去吧。"

许萌萌当即愣住了,不可置信地看着我:"曲亚宁,当真?"

"嗯。"我刚点完头就看见许萌萌眼里闪烁的泪花，然后我下意识的别过了头，女生哭我还是第一次见，有点儿不知所措，所以索性假装没有看到。

　　老太，我，还有许萌萌，我们三个人就这样一起走了一个月的夜路。路上许萌萌总会找各种笑话逗老太开心，我看着许萌萌的笑脸，觉得人生充满了不可思议，我们同班三年不曾熟识，却在毕业季因为一则小小的新闻而慢慢熟悉。

　　而最重要的是，许萌萌讨了老太的欢心，而我打心眼里感激她。

　　升学考试最后一场结束后，我一身轻松地走出了考场，我知道，重点高中已经如囊中物，伸手可得。

　　我看见许萌萌从隔壁考场走了出来，一脸沮丧，我正准备上前询问考得怎么样，她就被她的亲戚接走，怪了，这倒是第一次。

　　我等到天黑，也不见奶奶出现，门卫大叔好心让我和他一起吃泡面，我却食之无味，心里隐隐有点儿不安。

　　果然，快八点的时候，学校门口出现了一辆黑色的小轿车，车里走下来一对夫妻，我隔着门卫室的玻璃，还是看得真切，那两张打我记事以来只会出现在照片上的脸。

　　他们怎么舍得回来了？

之四：那炉灶上沸腾的开水

当从他们口中得知，奶奶在做农务时崴了脚现在正躺在医院时，我放下了心中的芥蒂和别扭，上了他们家的车。

路上，那个化着淡妆的女人问我："考得怎么样？"

我心不在焉地说还好，然后问那个男人能不能开快点，之后一直望着窗外。身边的女人看出了我对奶奶的焦急，以及对她的漠视，只是轻轻地安慰我，不要担心，不会有事。

赶到医院后，穿着白大褂的医生说："病人只是脚踝骨折，没有大碍。"

我这才放心，坐在奶奶的病床前，问爷爷："他们怎么回来了？"

爷爷嘴里叼着个大烟斗，若有所思了一会儿，问我："你愿意和你爸妈去市里上高中吗？"

原来如此，我这才明白，爷爷为何杀了家里最后一只鸡给我煮汤，奶奶为何最近频繁的交代我一些上了高中要注意的事情。

因为他们早就知道，我会被接去市里上高中。

我看着爷爷，猛烈地摇着头，我说："我不想去，我就在这里上高中。"

其实，我只是不想离开你们啊，我摇着摇着就把眼泪摇了出来，我突然觉得语言好无力，仿佛只要我一直摇头，就能坚定地告诉他们，我的决心。

爷爷抱着我，宽大的手掌在我背后缓缓地轻拍着，声音一如我的哽咽，"亚宁，还记得你答应老太的事情吗？你说你会考个好大学给她看看，老太一生认识的字不多，可是老太像懂得所有的大道理一样，知道知识就是力量，好大学才是唯一的出路。知道你去了市里肯定能考个好大学，别让老太失望好吗？"

"嗯。"

高中开学的前一天，父母开车来县里接我，是爷爷送我上车的，奶奶一个人待在屋里不愿意出来，临走之前，我在爷爷耳边说："老头，告诉老太我放假一有时间就会回来看你们的，还有，帮我照顾好老太。"

爷爷眼角湿润，一直嘱咐我，到了高中一定要好好学习。

车子绝尘而去，我回头看见爷爷一直站在原地张望挥手，单薄的身影在太阳下愈发显得颤颤巍巍。

我知道，奶奶在屋里，一定哭得像个小女生。

市里，他们买了一栋大房子，还给我了一间向阳的卧室，我在书桌上摆上了爷爷奶奶的照片。随手从书包里掏出那本没看完的小说，上面刚好看到一句话：厨房炉灶上，开水自沸腾，无人理睬好悲伤。

我突然觉得，我就是那炉灶上沸腾的开水。

之五：短发女生朱小浅

开学季的热闹和毕业季的荒凉简直形成了鲜明的对比，我上的是市里的四中，据说是这里最好的高中，他们开车送我来的，第一天就给了我新班主任一份见面礼。

我坐在第一排的位置上埋着头，眼里有着说不清道不明的隐忍，这里除了拿成绩说话以外，还有我不太喜欢的一些东西。

在高中待了一个月，我感觉有点儿适应不了这里的环境，我从没有主动和任何一个人讲话，永远是在做自己的事情。

直到阴历的九月十一号，这天班上有男生在教室门口喊我："曲亚宁，有人找。"

我着实愣了一下，然后站起身出了教室，走廊上是一个短发女生羞涩地站在我面前，她递给我一盒皇冠的蛋糕，声音甜甜地说了一句，"生日快乐。"

在这个陌生的学校里，居然有人知道我的生日，往年都是爷爷奶奶陪着我过的，永远是一碗香喷喷的鸡蛋羹。

我迟疑着该不该收，短发女生突然把头抬了起来，秀气的脸庞上绽放出一个大大的微笑，"喂，不收的话我会很尴尬的哦。"

这个笑容让我想起了许萌萌，我伸手接过了蛋糕，短发女生转身离开，我听见自己轻轻地问道："你叫什么名字？"

"朱小浅。"短发女生扭过头朝我调皮地吐了吐舌头。

我感觉我自己也努力的朝她扯出了一个微笑。

回家后，他们给我做了一桌子饭菜庆生，我只是吃着没有讲话，饭桌上安静的诡异，仿佛我和他们永远没有话讲。

半响，对面的男人小心翼翼地开口："小宁，今天是你的十五岁生日，有没有什么生日礼物想要的？"

"对啊，有什么想要的吗？"旁边的女人也跟着说道。

我本来打算说没有的，可是突然想到了一件东西，它可以让我以后随时联系爷爷奶奶，于是我说："手机行吗？"

"好啊好啊。"男人笑了，女人也跟着笑了，好像终于找到了我们彼此的一个突破口。

晚饭过后，我拿着座机给奶奶打了一个电话，奶奶千叮咛万嘱咐我要注意这儿注意那儿，我只能笑着一一地应着，"老太，我知道了，你也要和老头注意身体。对了，老太，你知道许萌萌最后上了哪所高中吗？"

"萌萌那孩子啊，现在特别可怜，听说家里不让她上学了，让她出去打工，连升学考试都是自己偷着去的，考的倒是挺好，可惜了。"奶奶说着说着哽咽了，我在电话这边也沉默了，难怪那天见她一脸的沮丧。

　　我只是有点儿惋惜，最后一次见到许萌萌也没说出什么话鼓励她，也不知道那时候她是一种怎样绝望的心情。

　　回到卧室后，我从书包里拿出了白天收到的蛋糕，小小的特别精致，我看着上面画了一只可爱的小猪，粉嫩粉嫩的，便想到了短发女生朱小浅。

之六：这应该是一个好的开始

　　朱小浅开始莫名其妙地出现在了我的生活里，下课后总能在走廊上看到她的背影，食堂里总能恰巧的碰见，就连回家也神神秘秘的顺路了。

　　我走出校门口，问跟在旁边的朱小浅，"你家住哪里？"

　　"那个……西街……那边不是有个酸奶店吗……总之就在那附近吧。"朱小浅眼神闪躲，说话吞吞吐吐，一点儿不像平时讲话时的理直气壮，还低着头不敢看我。

　　我笑着穿过马路，朝身后的朱小浅挥了挥手，"喂！走快点。"

　　马路中央，鸣笛声、说话声还有路边精品店里传出的音乐声，一片嘈杂，我还是隐隐约约的听见，朱小浅站在我三米开外的地方，努力的朝我喊着："和喜欢的人一起回家，不管哪里都是顺路的啊！"

"你说什么呢？刚刚那么吵完全听不见。"等朱小浅走近，我假装没有听见，故意又问了她。

朱小浅看看我，一副挫败的样子，"走啦，没什么。"

走到我家附近，朱小浅和我挥手告别，一个人拐进了西街，我一转身就看到奶奶出现在身后，一脸的小女生的笑容，"亚宁回来了。"

"老太你来了。"我见到奶奶自然心情更加愉悦，一路上聊着家常，这才知道他们把爷爷奶奶接来住一段时间，也算是陪陪我。

奶奶问我有没有喊他们爸妈，我轻轻地摇了摇头，奶奶只是叹了口气，给我讲了一个故事，她说："有一个女人啊，年轻的时候特别强势，连老公也处处让她三分。她有一个儿子，一直特别听话，却没想到娶了老婆以后有了自己的一些主见，这个女人当时哪里能接受，直到逼得儿子和儿媳离开家乡。这个女人这才后悔，就和儿子商量能不能让小孙子和她一起生活，儿媳很孝顺啊，欣然同意了。可是没想到啊，这个小孙子长大以后，却不能接受他的亲生父母，你说这个女人当年是不是做错了啊……"

我是不可置信地听完了这个故事，再看看身边的这个年过半百的老人，她的眼里有悔恨有不知所措。而我也终于知道了,当年父母丢下我,不是抛弃,只是尽孝,心里便豁然的开朗了起来。

我逆着光看了这么多年的世界,好像这一次终于可以光明正大的迎面去仰视了。

也许亲人只有相互照顾,才能有血浓于水的羁绊。

我抱了抱奶奶,告诉她:"老太,因为你是我最爱的人,所以任何过错都可以被原谅。"

打开家门的时候,妈妈在厨房里围着围裙做饭,爸爸和爷爷坐在客厅里下棋,我扶着奶奶在玄关处换鞋,嘴里不自然地喊道:"妈,爸还有爷爷,我们回来了。"

我想,这应该是一个好的开始。

她在岁月里浅笑，我在青春中奔跑

我们的青春长着风的模样

zzy阿狸

1

小时候的我调皮得很,不怕摔着硬要上树掏蛋,带领着小朋友浩浩荡荡地去摘大伯家的果子。大人眼里的我坏透了,后来在他们的严厉呵斥下没有小朋友愿意和我玩。被冷落的我变得不爱说话,干什么都提不起劲儿,直到我认识了阿星。

阿星的父母刚搬来没多久,并不知道我的"光荣"事迹,于是很乐意让我和阿星玩。他们来的那天我还在家午睡,迷迷糊糊中听见大货车声音的我一骨碌跑到门外,看见阿星的爸妈在指挥着工人搬运家具,而阿星正站在他们的身旁好奇地张望。

记忆呼啸而过定格在这一刻，闷闷的热风划过耳朵，身上被汗浸湿的T恤，不绝于耳的蝉鸣，还有那个看起来很蠢萌的阿星。

2

刚上小学那会儿，我对一切有字的东西都很感兴趣。放学回家后，书包都来不及放下就开始翻箱倒柜找有字的物什：皱巴巴的纸张是刚撕下来的日历，红色的小本子是爸妈的结婚证，上锁的笔记本是姐姐的日记……有一天我在姐姐的抽屉里发现了白色的信封，信封里抽出一张写得密密麻麻的信纸，我还没来得及仔细认字，姐姐站在门口便一声怒吼，把我吓了个半死，她一把夺过信封并狠狠地教育了我一顿。

第二天放学的时候我问阿星："你有没有写过信？"

他摇了摇头说："没有，怎么啦？"

"哎，你真跟不上潮流，现在很流行写信呢，"我一脸阴笑地看着他，"要不，我们互相给对方写信吧？"

阿星踢了踢脚下的小石头，无奈地"嗯"了一声。

在我两天的软磨硬泡下，姐姐终于答应了教我写信。晚上写完作业后，我认认真真地坐在书桌前投入创作。第二天我兴奋地飞奔去邮局，却被邮递员告知没有邮票的信不能投进邮筒。买不起邮票的我只能悻悻离开。

阿星不忍心看我失望，于是用红砖在我家门口搭了一个简陋的"邮筒"。

　　我开心地把信投了进去，盼星星盼月亮等待他的回信。我们来来回回写了几次，新鲜劲儿过后我便不再回信，只有阿星还坚持给我写。我八岁生日的时候收到了他的最后一封信，那天家里很热闹，我草草地看完信后便把它塞到抽屉里，欢天喜地拉着他去切蛋糕。

　　十年过去了，红砖被拆下用去盖房子，邮局因业务调整倒闭，邮筒的绿漆被岁月一片片剥落。

　　那时候姐姐不屑一顾地和我说左邻右舍没有必要用书信来往，可是现在我和阿星相隔着两百多千米，横跨了无数的山河湖泊，也没有提笔给对方写过一封信。

　　我才不得不承认，原来时间是比距离更可怕的存在。

3

　　念初一的时候，有一门课是生物学。

　　老师和我们分享动物界生命的孕育，听得津津有味的我放学后约上阿星揣着几块钱在农贸市场买了两只小鸭子。小鸭子毛茸茸的，老远望去，像两只黄色的绒球在滚动。我们各领走了一只，在自家后院圈地给小鸭子住，好吃好喝地伺候着。

　　我妈以一个过来人的经验告诉我鸭子没那么容易养

活,但我偏不信,并教育她世上无难事,只怕有心人!

无奈现实从来都比较残酷。一段时间后小鸭子越来越消瘦,连毛色也暗淡了许多。终于在一个五月的清晨,它失去了生命。我心里很难过,说好的要看到一个小生命完整的成长过程,却目睹了生命在我手中的凋零。

阿星在惋惜之余,三天两头向我讨教失败的做法,好以此为鉴。好几次他出门太急忘了加水,坐立难安的他拿着五毛钱去小卖部打电话回家,让妈妈帮忙加水。我教育我妈的道理在他身上完全适用,小鸭子在他的悉心照顾下茁壮成长,两个月后长成一只摇摇摆摆的大鸭子。

但是大人的世界与我们的不同,即使我们为鸭子倾注了再多心思,在他们看来那始终是鸭子,它注定是属于餐桌的。

有天放学后阿星带我去探望大鸭子,刚进门就看见他妈妈准备了一桌好菜,招呼我们吃饭。阿星放下书包说先去看大鸭子,话音刚落他妈就叫住了他:"看什么看,不已经在桌子上了吗?"

浓郁的香味弥漫了整个客厅,剩余的紫苏还在案板上。她的语气稀松平常得像陈述一件小事,但我明显感觉到阿星僵住了。下一秒他拽着我飞快地甩门而去,留下他的妈妈在原地叫唤。

我们跑了好远好远,阿星停下来哭着对我说:"阿远……我的大鸭子没了。"

那是我第一次看见他哭，新年丢了大红包的时候他没哭，生病打针的时候他没哭，期末考砸了被他爸爸追着打的时候他也没哭，但这一刻他却哭得不能自已。

我手忙脚乱地安慰他，最后自己也忍不住哭了。两个大男孩儿在巷子里为了一只鸭子傻乎乎地哭，我们约定彼此都不要成为那样残忍的大人。

今年初，姐姐有了一个可爱的孩子，屋子里整日播着经典儿歌。

但不知道为什么，在我听到"门前大桥下游过一群鸭，快来快来数一数，二四六七八……"的时候，想起的是阿星，眼眶不争气地红了。

4

中考后，我们被不同的高中录取，命运的大手悄悄地把我们推向了不同的路口。

我超常发挥考上了一所重点中学，开学第一天班主任敲黑板说从今天开始只要学不死，就往死里学。而阿星在一所三流中学里念书，打架、酗酒、抽烟是家常便饭。

我们的交集越来越少，他没办法和我讨论压轴题，而我抽不出时间和他去打桌球。那段时间，我在别人口中听得最多的是阿星又换了一个女朋友，哪一天他翻墙外出违反校规要请家长。有天放学回家的时候，我碰到阿星和他妈妈，彼此一脸尴尬。

高二文理分科，我听从了爸妈的建议读理科。而阿星的家里却吵翻了天，因为他执意要学美术。爸妈在饭桌上聊起了这件事，一脸欣慰地看着我说："阿星文化课成绩差才不得不学美术，我们儿子那么优秀用不着读美术呢！"我低着头小声地嘟囔了一句后，我妈的脸色立马变了。

我说的是："你们从来没有考虑过我的感受。"

我想考广州美术学院，但那时候家里经济条件不好，没办法支付高昂的学费。于是我只能把梦想藏在心里，去做一个循规蹈矩的学生，去过他们期望着的生活。那时候我多希望我是阿星，敢于追逐自己的梦想。

除夕夜，我收到了阿星的短信，他问我要不要出来看烟花。我匆匆出门，看见他站在空地上冷得直跺脚，星星坠落在他的眼眸里，他却笑得像个傻子。

我们看着漫天的烟花，聊着些不着边际的话题。我们聊了很久，像是把这辈子的话都要说完似的。焰火把我们的心事映得太通透，原来我们都一样，假装坚强但却遍体鳞伤。也许从那一刻开始，我发现我们已经逐渐长大，再也不是那两个躺在床上畅想人生的小孩儿了。

念高三的时候，写不完的作业和背不完的公式定理几乎填满了我的生活。我拼尽全力去学习，我的意义只存在于浮浮沉沉的年级大榜里。晚上睡不着的时候，我会唤醒手机屏幕，悄悄地刷新阿星的动态。哪一天他去了广州参加培训，哪一天他跟着老师跑遍了大半个中国去写生。画不出满意的作品时，他会把自己困在画室里没日没夜地画。他的画作色彩斑斓，但他付出的努力却无人知晓。

他画的每一笔，都像是在认真谨慎地描绘着自己的人生。

寒假公布美术联考成绩，阿星考得很不错。他却告诉我他放弃了报考六月的高考。他云淡风轻地对我说："你可能觉得我很不理智，但我喜欢的是画画而不是学习啊。就算硬着头皮参加高考，命运也不会宠幸我。我的追梦之旅到此为止，我该收拾行李回家吃饭了。"

那一刻，我难受得说不出话，书包里那几本为他整理的重点难点显得特别沉重。他拍了拍我的肩膀说："傻瓜，没什么大不了的。给爷笑个，好好加油。记住，你永远是我的骄傲。"

那年高考我考上了一所211大学，爸妈乐开了花，设宴邀请亲朋好友庆祝。那天阿星来的时候我正忙着招呼高中同学，只能远远地和他打了个招呼。待我想起他想要穿越人海去与他分享我的喜悦时，他已经离开了。

我承认那一刻我真的很难过，他是我童年里最重要的小伙伴，但在我人生中无比喜悦的时刻却无法与他分享。

5

现在的我还在广州念书,阿星没有随大流去做一个在外漂泊的打工仔,而是安安分分地在家帮忙打理生意。早些日子,他和他爸自驾游去云南,在朋友圈里我看见他张开双手拥抱洱海的微风,倚在栏杆上极目远眺大理古城的风光。而那时候的我正因期末挂科而被取消评选奖学金资格的事,失去了对未来的期盼。

我不敢说我和阿星谁的人生更有意义,是按部就班还是遵循内心的想法自由地活着,但至少每一秒我们都活得热烈而无悔,这才是最重要的吧。

认真而负责地生活拥有万钧之力,踏出的每一步都会稳稳地落在通往更美好的路上。

国庆长假回家整理旧物,在尘封的纸箱里我找到了八岁生日时阿星给我的那封信,纸张已泛黄,记忆也蒙上了一层灰。但当我仔仔细细地读完后,忍不住哭了。

他用稚嫩的字体写着:"阿远,今天是你的生日,原谅我没钱给你买礼物,但平时的líng食也没少给你吃。你这个家伙,我给你写了那么多的信,你都没有回复我。算啦,时间还长着,你想说什么我都yuàn意听。妈妈说一bèi子很长,我不知道我们的友谊能不能天长地久,但认识你是我一生中最快乐的事。你不仅要生日快乐,每一天都要快乐。"

　　故事说完了，没有起承转合，全是些凌乱的记忆片段。但我还是费了很多心思把它们拼接好写下来，来纪念这一段友情岁月。

　　我们的青春长着风的模样，恣意张扬却又无处安放。

　　我忘了告诉阿星，他也是我的骄傲，无可取代的骄傲。

　　祝福你，我亲爱的队友。

谁来陪我度过青春期的漫长岁月

艾 科

1

我像往常一样,踩着上课铃声气喘吁吁地奔往教室的时候,不小心被脚下一级讨厌的台阶绊个正着,摔倒在地的刹那,一声惨厉的震天尖叫,如同晴天霹雳划过长空,生生掩盖了琅琅书声。我狼狈地捡起滚落至远处的水杯,边跑边拍打身上的尘土,生怕一不小心迟到,又被六亲不认的班长郑恺同学记上大罪一宗,然后借着各种理由对我施以酷刑,并昭告天下远离我这个频频迟到、屡教不改的累犯,否则我的今日,便是他们的明日。我有一个响彻寰宇的江湖雅号——迟到小姐,便是拜他所赐。

当我跑到二楼的时候,看到郑恺正神情沮丧地站在教室门外，像霜打的茄子一般耷拉着脑袋。哼，不用想就知道，他定是堵在门口抓我的，只要我一迟到，他就有战果在手，然后各种"刑罚"如滔滔江水滚滚而来。看来这次，我又在劫难逃了。久经沙场的我，在心里已经做好了被他记过惩罚的准备，天天与坏人斗智斗勇，玻璃心也早已变得坚如磐石，虱子多了还怕痒吗？所以，我大义凛然地告诉自己，甭怕！

"站住！"我刚要迈脚走进教室，却被早已站在讲台、虎视眈眈的班主任厉声喝住，"苏小幸，知道现在几点了吗？咱们是重点班级，学校领导对我们寄予了厚望，可你们怎么可以如此散漫？现在已经上课两分钟了，今天就你和郑恺迟到，说说原因吧！"

哦？原来从不迟到的班长大人，也有和庶民一样的遭遇？真是出乎我的意料啊。好吧，看我如何睚眦必报，也让你尝尝被酷刑伺候的惨烈。

"报告老师，我刚才在楼下摔了一跤，不然不会迟到，你看我的水杯都摔坏了，给个机会吧，保证下不为例！"我信誓旦旦，巧舌如簧，并用眼角的余光瞥了瞥郑恺。

"你呢，郑恺？"班主任一视同仁地询问缘由。

"我……我闹钟坏了，起床晚了……"郑恺战战兢兢，满脸绯红。

好在班主任明察秋毫，也或许是看在郑恺是初犯的份儿上，叮嘱我们下次注意之后，便让我们进来上课。

我想这次免受训斥，定是沾了班长的恩泽。所以回到座位之后，便转身好心好意地对后排的郑恺说："第一次迟到都会不好意思，你看我，经常被你抓，都成惯犯了，习惯就好了。无论罚站，还是值日，乃至当众挨批，我都能坦然接受，你要学着拥有一颗能够容纳万物的宇宙之心。"

郑恺目瞪口呆地看着我，似乎立刻就要把我吞进肚子里去。

是啊，我都在乱喷些什么啊？是可忍孰不可忍，他是给人树榜立样的班长，岂能与我等小民同日而语？

2

死罪可免，活罪难逃。按照班规，凡是迟到之人，放学后都要留下来值日，以示惩戒。我和郑恺也未能幸免，唯一的区别是，面对惩罚我已经司空见惯；而他，却是大姑娘上轿头一遭，从此在他洁白的人生历史上，留下了难以抹去的污点。

值日的时候，我佯装出大家闺秀的娇弱状，水不能提，黑板太高，抹布没了，而且，教室里只剩一把扫帚了……我占尽了天时地利与人和。

郑恺一脸茫然地看着我，没好气道："想偷懒是吗？"

那我扫完地,你倒垃圾总可以吧?反正休想临阵脱逃,就是耗我也要把你耗死在这里。"

小伎俩被识破,我不敢再得寸进尺,乖乖地看他像解数学难题一般,一丝不苟地洒水、扫地、擦黑板……不一会儿就已汗流浃背。

卫生打扫完毕,他指着一小堆垃圾说:"善后事宜交给你了,把垃圾送到楼下,然后我们一起回家。"

我优哉游哉地倒完垃圾回来的时候,看到郑恺正争分夺秒地趴在课桌上写作业。那一刻,我忽然明白,原来学霸都是这样炼成的,再想想我的自作聪明,真是贻笑大方啊。一种莫名的羞愧,刹那间袭上心头。

实事求是地说,郑恺身为一班之长,虽然平时对我们极其严苛,但他要模有模,论样有样,成绩拔尖,品行纯良,是老师重点培养对象。再看看我,一介女流,本该恬静温雅,仪态端方,可我除了会耍点儿低级的小聪明,把迟到当成引以为傲的家常便饭之外,还有什么"闪光点"呢?拿迟到来吸引众人眼球,真是幼稚至极。

我轻轻地将垃圾桶放回原位,没有惊扰全神贯注的郑恺,便贼一般匆匆溜出了教室。

虽然同班求学,寒窗苦读,但是我和郑恺之间,究竟存在着多大差距?从学校到家的距离,四千米够长吗?这段差距,我要用多少时间才能消弭?

3

第二天，郑恺问我昨天什么时候回去的，怎么不和他结伴同行？我说我独来独往惯了，强盗见到我都会退避三舍，没人敢把我怎么样。再说我是一个大祸常有、小祸不断、人人避之唯恐不及的"迟到小姐"，与你同行只怕有损你的赫赫威名。

郑恺幽幽地看着我："我哪有你说的那么好？你知道吗，其实我特别喜欢你开朗的笑声。有时候我会暗暗地想，像你这样整天迷迷糊糊、频频迟到的女生，内心深处肯定隐藏着一股还没爆发的能量，身为班长，我有必要打开你身上能量的门阀，在克服迟到这件事情上助你一臂之力，以告别'迟到小姐'这个称呼。你那么聪明，应把精力集中在学习上，如果你按照我的作息规律坚持下去，假以时日，我保你成绩突飞猛进。"

我满脸讶异："说得轻巧。作息规律因人而异，我岂能东施效颦？再说我效仿你倒是不难，但倘若结果与预期相左，我又该落个被人讥笑的恶果了。"

"如果不能达到预期效果，一切后果我来承担！而且这件事只有天知地知你知我知，没有人会说三道四的。"郑恺满脸坚毅。

那好吧，不管死马活马，在尚未寻到更好地提升自己的办法之前，给他一次普度众生的机会，姑且一试吧。就像老爸经常挂在嘴边的一句话——河里有没有鱼，先撒一网试试，实际行动才能如实验证结果，凭空臆想只会落个两手空空。

4

我也不愿一直都做众人眼里扶不起的阿斗，倘若有高人提携，加之不懈努力，成绩能够有所长进的话，于我来说也是好事。于是，我按照郑恺给我定制的作息表，开始对号入座，逐条执行。我虔诚地期待自己能够脱胎换骨，人前显贵，但在见到光明之前，更要历经一番不可避免的破茧之痛。

这样的坚持一直都在郑恺的监督下顺利进行，我也渐渐从学习中感受到了难以言说的快乐。

突然有一天，在自习课上，班主任拉着郑恺走上讲台说："同学们，郑恺同学因为父母工作调动的原因，从明天开始就要到西宁读书了。郑恺不仅成绩优秀，而且还把咱们班管理得井井有条，帮老师解决了不少后顾之忧，希望他在西宁，依然学习进步，将来考进理想的大学。"

那一刻，我五味杂陈，不知该说什么才好，感觉心中的一颗定海神针轰然倒塌。不是说好带我一起学习进步吗？临阵脱逃算什么英雄好汉？而且，明明知道自己要去异地求学了，为何对我也闭口不谈？莫非从来都没把我这个"差生"放在眼里？还是因为刚刚建立的革命友情也不堪一击？

就在这时，郑恺有些哽咽道："真的很舍不得大家，但又不得不走。现在通讯这么发达，我们随时随地都能保持联系。我走了之后，请大家不要立刻选举新的班长，因为苏小幸同学说，现在她正废寝忘食地学习，下次月考肯定能进前十五名，到时候会参加班长竞选，恳请大家给她一次证明自己的机会。"

骇人听闻！陷害栽赃！釜底抽薪！过河拆桥！我什么时候说过要"竞选班长"这种自不量力的鬼话？还有我学习这件事，不是说好"天知地知你知我知"吗？居然自作主张添油加醋公布于众，真是罪该万死五马分尸、焚尸扬灰！面对突如其来的状况，我心底原本萌生的一丝别离的忧伤，瞬间荡然无存，且怒意顿生。

班主任说，班长竞选是公平、公正、公开的大事，为了验证苏小幸同学的诺言，月考之前先由副班长暂代处理班长事务，待月考结束之后，再统一正式选举。

5

我真的不知该如何应对眼前的突发状况，是顺水推舟迎难而上，还是澄清事实得过且过，真的难以抉择。该死的郑恺，前生定是我的冤家，不然今世岂会纠缠不休？且在临走之前还不忘将我一军，让我骑虎难下重任压顶。但我已经习惯了按照郑恺帮我制定的作息表生活学习，没有更多的精力去追究他的"欲加之罪"，我一旦浪费光阴，就感十恶不赦。而且除了学习和想念与他朝夕相处的短暂岁月，我实在找不出其他能够打发时间的事情来。所以第二天，我摒弃掉所有的忧伤，依旧按部就班地上课。

一周之后，郑恺在QQ上告诉我说，他在离校那天之所以对班里的同学那样说，是想给我学习的动力，让我知难而上。

我微微一笑回复他："你是过了嘴瘾，可我却身心俱疲，不过为了证明自己，我会百分之百地努力。"

我将郑恺发给我的他在西宁拍的照片打印成名片的大小，贴在文具盒里，照片的旁边，就是他为我量身定制的学习计划表。两个学生相隔千里，却因一张不会说话的冷漠表格而心有灵犀，似乎沉浸在这样的世界里，一切都才安然恬静。

后来的日子里，郑恺经常给我发来电子邮件，诉说西宁的天气、习俗、饮食、趣事，还有他的学习情况。每当我有进步，他还会给我邮寄当地特产，以示犒劳。

通过公平竞选，我最终当上了班长，也更加明白当初郑恺为啥紧盯着频频迟到的我，进行上纲上线地说教的初衷。

只是，这些都不是我想要的，我在意的，是他在去西宁之前告诉我，他要报考复旦大学的远大目标。

距离这个目标还有两年之遥，追梦路上还有很多煎熬，谁来陪我度过这段漫长岁月？冥冥之中有个熟悉的声音告诉我："那个人就是，远在天涯、又近在咫尺的我。"

她在岁月里浅笑，我在青春中奔跑

李寻乐

1

我承认我看轻了它。

彼时林女士大惊小怪地同我说着微信里看来的关于"青春期病症"时，我刷着牙看着她发出冷笑，含糊地说了句："你十全十美的儿子怎么会变成这样，林女士你约莫昨晚看肥皂剧冲傻了头脑。"

她笑了笑道大概吧，而后如常催促我赶紧吃饭然后上学。

可时光大抵听不得那些话，每每用它莫测的力量让人感叹岁月无常。

就比如现在，高三文综办公室里，班主任眼前站着的我和坐着的林女士。班主任是我的政治老师，姓周。午后的办公室静默非常，周老师被我气到不知道说什么了，而林女士，大概是失望到不愿说话。

良久，周老师叹着气轻声说了句，"程墨，你以后可不能再不像话了，现在距离高考不过半年，你要上进啊！"

我偏过头不愿看他，冷冷地"呵"了一声，语气轻又淡却又带着少年人独有的天不怕地不怕的姿态。而后狠狠地一巴掌落在我脸上，我不敢相信地看着眼前的林女士，她微微有些颤抖眼眶红了半圈，指着我说："你不是我儿子。"

被打过后的左脸发麻发烫，可见林女士是真的伤心透了，我脑海里闪过无数个道歉或者告饶的话语，然而却脱口而出一句："是啊，我不是你儿子。"

那个自信张扬的程墨啊，被时光的浪潮拍得生疼，此刻正不知道东南西北不知道春夏秋冬，迷茫而又无助啊！

这该死的青春。

2

我叫程墨，却并不沉默。

从小便机灵能言善道的我自然受到街坊四邻的好评，而家中收藏着的奖状奖杯更是让我被标榜为"隔壁家的孩子"。林女士小时候最喜欢的便是拉着我四处串门,美其名曰聊天,可我知道她喜欢听别人夸我,喜欢听他们口中我光鲜亮丽的未来。

那天林女士带着我回家,一路上没有同我说一句话,就这样从学校一路走到了家。回到家的林女士和我说了声她去做饭了便走进厨房,留下我坐在客厅中不知道该如何是好。

晚饭是我最爱的几个菜,林女士做饭的好手艺并没有因为心情不好而变得偷工减料。往常饭桌上的闲聊在这个时候变得珍贵无比,就在我吃完准备回房间的时候,林女士忽然笑着说,"小墨,你这是典型的青春期叛逆呀。看吧,你当初还不信。"

她眼眶上依旧微红,却语调轻快地同我说着话,同过去那般自在和轻松。

我忍不住白了她一眼,重申自己没有所谓的青春期叛逆症,那不过是微信里哗众取宠的文章罢了。

"啫啫啫,看吧,叛逆期就是这样,家长说的每一句话都想反驳。"林女士更加确认我是青春期到了。

我随意地扒了几口饭就回到房间,每一步都走得格外地稳,可心头却如同经历大风大浪一般。真傻啊,林女士。

你这样我怎么舍得让你难过。

3

那天过后林女士特地向公司请了半个月的假，打定主意要治疗好我的病，每天抱着手机百度着网上那些所谓的方法。

早餐是百度来的中医食谱，熬煮了好久的红枣莲子粥，还有几样不油腻的小菜。她兴冲冲地喊我尝尝，夸耀着这粥的美味和各种功效，我耸耸肩随意尝了几口道，"一般般吧。"

她有些失落地蹙眉，继而又笑着说那下次再煮更多好吃的给我。我不住地想，林女士怎么会这么傻呢？

吃过早饭我背着书包去学校，却又在离学校两百米远的街道拐了个弯。清晨的街上人不是很多，寒风吹在身上打了好一阵哆嗦，我走进一家叫作龙腾的网吧，熟练地递给网管零钱，道了句三个小时，等了一会儿便走到开好的电脑前打开游戏。三个小时便走，再翻墙进学校恰好可以赶上班主任的课，这次总不会再被周老师抓到了吧，我不禁得意地想。

玩了一会儿忽然有些熟悉的声音从门口传来，回过头就看见林女士笑着坐在我旁边，"小墨喜欢到这来玩游戏吗，那，我陪你玩怎么样？"

林女士果真是天底下最不正经的妈妈，可这样的她却也是我最熟悉的样子。我痛心疾首地同她说："你怎么可以这样！就不能好好上班然后让我一个人自在地玩游戏吗？"

"那我去上班你一个人玩不会觉得孤独和难过吗？"林女士抬眼看着我，眼里是溢出来的关怀。

"切，我一个人玩更开心。"说完我又盯着林女士，又问了句："你不生气吗？"

"我有什么好生气的，我这是在给你治病呢。"林女士翻了翻电脑里打开的网页，指着其中一条念道，"青春期叛逆成因大多是家长和子女缺乏了解，互相隔阂严重，以至于到了后来子女觉得家长什么都不懂，自己的世界需要自己来规划。"

我小声地嘀咕了一句才不是呢，可网吧里的灯光打在林女士脸上，她目光灼灼地望着我，似乎只要做着百度里的那些事便可以让我回头让我重新回归正位。

念头千转万转，我不知道该如何是好，只觉得内心兴起惊涛骇浪，良久方才应了句，"没可能的。"

我不是天才，我从来都没有那么好。

4

林女士丝毫没有浪费请的半个月假，早饭过后便随我一同去学校，见到我进到教室后方才在去附近的书店找书看。有时我偷偷翻墙跑到网吧去上网也会很快被她找到，没有半分生气，也没有半分难过，就是笑着问我怎么不喊她，前几天游戏还有任务没完成呢。

一个礼拜过去，林女士会自然地同我讨论游戏里碰到的趣事，会精心准备着好吃的，更会在每天夜晚认认真真地问上一句。

"你是不是心里藏着什么秘密呀？"

她嬉笑着，仿若这句话不过随意问问但我却清楚地感受到她是真的想问我怎么了。但我却始终闭口不言，一句"我本来就不爱学习，以前都是你逼着我而已"的话来搪塞她。

我成绩下降沉迷游戏的事渐渐地在街坊邻居里传开，我亲眼见着林女士低落地同他们打招呼，而后在他们各式各样的眼神中回家。

在家中的林女士依旧嬉笑怒骂，似乎没有半分被影响，一心一意地治疗着我的青春期叛逆病症。

我的脑海仿若被重重地敲打着，一下又一下，像是从长长美好的过去一直到糟糕至极的现在。是什么让我变成现在这样的呢，大概是太过在乎了吧。

谁不想成为一个优秀的人呢？成为林女士心中优秀美好的人呢？

5

林女士假期的最后一天,我跟着林女士逛了广场的美食一条街,她穿着好看的大衣,明媚的样子看起来年轻异常。

她语气轻快得过分,却掩饰不了那一丝遗憾,"小墨,看来我还是不能治好你的青春期叛逆病了,不过只要你开心就好了。"

"包括我一无是处你也觉得无所谓吗?"

"小墨在我心里一直都很棒呀。怎么会一无是处?"林女士反问着我,我却不知道怎么回答。

是啊,也许林女士眼里我一直都很好吧,只是我以为我不好。

我仿佛找到了答案,下午早早地去上课没有缺席半节课,努力消化着老师口中那些复杂的公式和定理,一切都不可思议地发生着。

晚上回到家,林女士坐在沙发上看着电视剧,见到我回家后让我去洗个澡然后陪她一起看剧。

我扬了扬手中的书包,哀叹道:"作业还有很多呢,做完再洗澡吧。"

林女士愣了片刻,大约以为自己看剧看糊涂了,睡着了,可手中清晰的疼意又在告诉着她,这是真的。她起身说:"我去给你切些水果,现在应该饿了吧。"平和得如同过去,岁月似乎真在重来。

我揉了揉快要闭上的双眼,打起精神再做一张试卷。青春啊,当真又累又轻松。

6

我陡然间的改变让林女士一时有些无措,但更多的还是欣慰。她嘚瑟地同我说她果然是有天分的,看,我的青春期叛逆就这么被治好了。说着说着她还准备把经验分享到网上,美其名曰拯救天下叛逆期少年,宽慰伤心难过的家长。

寒冬腊月的天气,本该处处寒冷非常,可家里却总是满满的暖意,快要让我说不出话来的暖意。

有天放假,林女士在客厅做着面膜喊我在一旁喂她吃水果,我一边吐槽着她劳役可怜儿子的行为,另一边又认真地喂她吃水果。我猜想她大抵有些话想问我,可却不知道如何问我。

"有什么就说吧。"我轻松地说了句。

她浅浅地"嗯"了一句,然后问我发生了什么呢。我想了片刻,而后慢慢地同她说了出来。

我从来不是个天才,但我知道我认真学习取得好成绩会让林女士感到宽慰,包括邻居的艳羡,包括畅想未来时止不住的底气。于是我早早地知晓,我啊,一定不能让林女士失望。可随年级的升高,课业也越来越艰难,以前努力便能有个好成绩,现在努力了也不一定会有好成绩。

"我很害怕,好害怕你会因为我学习不好,我不再是那个让你自豪的小墨而不要我,也害怕我不能成为一个优秀的人,不能让你的未来得到最好的对待。"

有次周老师找我谈话,那是高二下学期即将升入高三的时候,期末考试又降低的排名。这让我更加恐慌,距离高考越来越近,然而我似乎离得更远了。

我更加努力地学习,可却没有丝毫用处,你和我说着美好未来,我却只有成绩表上落后的排名,这着实可笑。后来我想,干脆堕落吧,就这么的不上进,就当作提前让林女士适应那个不好的我。逃课上网,上课睡觉,怎么不乖怎么来。也许这才是生活原本的样子,并不是处处美好。可林女士如春风般的照顾,细心到极点的呵护终是让陷入谷底的我有了向上的欲望。

"你说我在你眼里从来都不是一无是处。"眼眶渐渐发烫,像是阔别了好多年的东西即将流下,有时候人就是这么脆弱,一句话便可以泪流满面。可有时候啊,却又可以因为一句话坚强地走着。

其实生活并不会这么糟,其实所有的一切最初不过是在乎两个字。我在乎林女士因而不愿她眼中的我如此没用,她在乎着我,所以觉得无论我如何都是最为完美的人。

"小墨，林女士最希望的是你可以一直开心。"任是林女士是天下间最为"不正经"的母亲，但却同所有父母一样，子女开心，便是天下间最为重要的物什。

那天林女士打了我一巴掌，回到家后在房间狠狠地哭了一场，第二天立马请假轻松地同我插科打诨。有人说，眼睛为她下着雨，心却为她打着伞，这是爱情，对我来说，亲情亦是如此。

那个失落的自己，挫败的自己，孤单的自己都是最为真实的自己，谁都会有低谷，但是继续向前便好。青春啊，便是要尝试，去寻找自己想要的，林女士治好了我的"青春期叛逆"，那我啊，只能更加努力地渡过高考这场关隘。

这是我付给林女士的医药费，更是岁月深深里，林女士教会我的。

爱啊。

日久生情不是普适定理

九 人

谁叫教室里只剩你一个而已

我和佟南佐第一次有交集是在开学不久的黄昏。彼时的我刚被任命为宣传委员,火急火燎地赶出教师节的黑板报。

悠长的放学铃声还未响完最后一个音符,班上的同学就跑了大半。我看了看比我大好几倍的黑板,不住地摇头叹息,一个人怎么出得完黑板报啊!我不过是郁闷了几分钟,教室里转眼间只剩下佟南佐在慢腾腾地捣鼓书包。本着死马当活马医的心态,我只好强行"抓壮丁"了。

佟南佐逃跑无果,无奈地留下来给我帮工,时不时就能听到他吆喝一嗓子"喂!小心摔下来!""前面有桌子！看路啊！……呼，你没事吧？""黑板檫砸到我了！你这只猪！""天呐，你消停会成不？地上的粉笔自己捡！""下次千万不要叫我帮忙，不然我一定会忍不住扁你的，笨死了！"……

后来的很多很多年，我都记得那个傍晚，夕阳橘黄色的光芒暖融融地渗进教室，把课桌映得泛出了老旧的颜色。少女站在椅子上张牙舞爪地抗议少年的毒舌，好像一张老照片，宁静而安好。

只是在人群中多看了你一眼

两天后，班主任终于想起来问我出板报需不需要助手，我环视全班，一开始还坐得笔直的同学，立马或低头摆弄指甲或侧首观察窗户，没有一点儿要帮忙的意思。目光扫过佟南佐，那厮摆着张拽拽的臭脸，我霎时起了公报私仇的念头，谁叫他那时候说我笨来着！

"老师，前天也是佟南佐帮我的，用着比较顺手。"迎着佟南佐杀人般的目光，我努力挺直腰板，装出一派纯良的无辜模样。

"这样啊……好吧！"英明的班主任微微颔首做思考状，Then，一鼓作气一笔抹杀一气呵成一挥而就一锤定音一手包办地同意了！

课间，我小人得志地跑去找佟南佐，迎面就是他劈头盖脸的叫嚷声:"你当我是东西啊!嗯?还用着顺手!?"没等我弱弱地把"你不是东西啊……"说完,佟南佐就利落地在我头上砸了个暴栗。

这一幕恰巧落在折返教室拿手提包的班主任眼里,我于是捂着脑门泛着泪花(被砸出来的)站在一旁看热闹,听班主任给佟南佐从团结友爱一直讲到男女平等,讲得口水四溅。

挨训的佟南佐微眯着眼,面色不善地盯着我,看起来很危险的样子。所谓"识时务者为俊杰",班主任一走,我立马狗腿般地凑上前一脸讨好,各种没节操地谄媚。

有什么办法呢?于公,我需要他当助手,不能得罪了。于私,诶?我有私心吗?怎么会!没有没有,对,没有!

陪伴是最感动的温暖

本来按照言情小说的情节发展,我和佟南佐应该就此结下梁子,在不断地互相打击,斗智斗勇下暗生情愫成为一对欢喜冤家,共历风霜雨雪,一起走向美好明天……可惜呀,生活不同于肥皂剧。

初一就那样不咸不淡地打马而过,初二的我和佟南佐才真正熟络起来。

那日我和母亲一言不合吵起来,出门后想起和佟南佐约好出黑板报,便往学校走去。正低头踢路边的小石子儿,忽然听到有人大声喊我的名字,疑惑地抬头,佟南佐正从公交车里探出头来亢奋地冲我挥着手。

莫不是遇见了什么喜事才不惜冒着生命危险和我打招呼?我没好气地甩了个卫生眼给他,接着他便被售票员大婶强制拖离了窗口。没想到的是,我继续向前走没几步,就看见佟南佐下了车站在公交站冲我龇牙笑着。

"小样儿,跟你打招呼还不理我!我临时决定下车陪你走哈!不用太感谢我!"

"佟南佐,我感谢什么啊,不要吵我!正烦呢!"我摆出往常凶悍的样子,恶狠狠地瞪了佟南佐一眼,心里暗忖:吓他一下,能把他吓走最好,不行的话吓到闭嘴也求个清静。

也许那一天一切都有些不太正常,我如此凶悍的形象破天荒地没有吓到佟南佐,他还颇不怕死嬉皮笑脸地询问我心情不好的缘由。

我第三次扔给他一个白眼撇过头不肯言语,兀自走得飞快。他却哈哈大笑出声,快步赶上来抬手弹了弹我脑门儿,一副教导孩子的口气:"难过的事呢,还是倾吐出来比较好吧?要不是看你好像挺郁闷的样子,我才不下车陪你走呢!你是不知道我书包有多重呀!很重很重的啊!来来来,小屁孩儿,我勉为其难地客串一下你的树洞垃圾桶吧~!哎呀!看在我书包这么重的份儿上你也得给个面子啊！"他边说边咂着嘴，一副"我牺牲如此巨大"的表情。

我偷眼看了看走在身旁的大男生，那个因为看到我心情不好而下车陪我走路的男孩儿。背部有些微驼，也许书包真的很重吧。

不自觉放慢了脚步，这是在此之前，不曾预见过的。温暖。

我和刺猬是一样的物种

听说当刺猬蜷成一团，竖起全身的刺以御外敌的时候，那道坚固的防线是很难被击溃的，可是你若举一瓢热水细细淋下，它所有的抗争顷刻间便会烟消云散，紧紧团成的尖锐的刺球，忽然就展开，露出柔软的内在。

那样勇敢的刺猬，抵御伤害反击敌人，都那么义无反顾，却偏偏受不得温暖，轻易地被烫伤。

公车事件以后，我待佟南佐较之前的大呼小叫实在是好了很多，心情好的时候还会温声细语地对他说话。他则小心翼翼地谨言慎行，始终怀疑我那是要整他的前奏，事事提前替我张罗好，简直是宦官再世。

比较可惜的是好景不长，他的适应能力实在是太顶尖，那小强性格当天下午就恢复原样，第二天整个人都得瑟了。

星期五放学下了大雨，我撑着小小的折叠伞好不容易风雨飘摇地回到家，刚换下湿漉漉的衣服佟南佐的电话就到了。他在电话那头鬼哭狼嚎的，只一遍遍叫我赶紧下楼。我被他急切的声调吓到，话筒一丢，趿拉着拖鞋便往楼下跑。

可是，打死我都没有想到佟南佐那个家伙居然是叫我下去踩水啊！两人挽着裤脚撑着雨伞把路上的小水洼小水沟统统踩爆了啊，那叫一个泥水四溅拖鞋横飞！最后？最后我刚换好的衣服都湿透了，雨伞也被一阵大风吹翻，两个人跟流浪汉打地鼠似的见水就踩各种狼狈，活脱脱一报复社会的神经病啊！玩水已经玩到了走火入魔丧心病狂的地步……罪过罪过！

回家后我想起佟南佐在大雨中抽搐状的笑脸，一遍遍默念他说的"要开心呀"，在心底轻轻地"嗯"了一声。

算是承诺罢。

明天我写情诗向你告白吧

时光白驹过隙一般，紧张的初三生活果断拥我们入怀，各种测验各种大考小考模拟考……我和佟南佐依旧是黄金搭档"板报二人组"。依旧是好朋友的状态，近三年了。

班上的同学一开始也是会给我们制造点绯闻借以起

哄的，如今也都偃旗息鼓放弃了。一个总是笑嘻嘻地回答"是呀是呀"，另一个永远是淡淡点头不做回复，该有的生气害羞别扭窘迫一点儿都没有，委实无趣了。

初三后，双休日这对苦命鸳鸯活生生被拆散，星期六被星期五生拉硬拽地带走，独留下星期日在寒风中瑟瑟发抖……我略一思量，"咔咔"把星期日剁成三段，早上睡觉，晚上do my homework，下午？咳，下午陪佟南佐玩QQ飞车……

对于我这个看见赛道就发晕能走对方向就万幸的白痴级来说，去堵住近道不让别人通过才是头等大事啊……于是，佟南佐总是第一，我总是倒数第一，永远会跑玩一场后被踢出房间。

在我们终于达到等级，做完任务，拿到戒指，乐颠颠跑去结婚时，我颇为应景地发私信给佟南佐说："明天我写情诗向你告白吧。"沉默了长达五分钟之久，佟南佐才回复："这个笑话一点儿也不好笑。"然后是游戏弹出的提示：您的队友×××已下线。

放在键盘上的手指有些发凉，所以我是被拒绝了吗？在我还未告白的时候？太扯了吧！

初三年的最后一期黑板报

游戏里发生的事，我和佟南佐二人都绝口不提，似乎从来没有发生过一样,该吃吃,该睡睡。

五月底的时候,班主任说,出最后一期关于"迎战中考"的板报给同学们打打气儿我们就可以解放了。佟南佐笑得灿烂,我却有点儿怅然若失。

我立在椅子上指挥佟南佐拿三角板递粉笔,似曾相识的场景,像极了我们初遇的景象。有些恍惚地看着站在我面前的佟南佐,微微俯下身试图轻吻他的额头,却在弯腰的一瞬间撞见了他眼底无所适从的抗拒和慌张。果然呐,是我自作多情了罢。

掩去心里浓重的悲凉感,我笑盈盈地站直身子随口胡诌:"佟南佐你躲什么啊!只不过想观摩一下你头上的痘痘而已,又不会挤!鄙视你!""拜托,大小姐,你看你手上全是粉笔灰,发发善心,不要碰我好吧?赶紧出黑板报啦!"佟南佐努力瞪圆他细长的眼睛,极尽所能地挤了个夸张的表情。我扒眼睛扯嘴角对他做了个难看的鬼脸,转身在黑板上画画。

或许这便是最好的结局吧,两个人互相装傻,故作不知。可是呢,欲盖弥彰也好,幼稚怯懦也罢,有的话不能明说,有的心意不能彰显,有的窗户纸一旦捅破,便是万丈深渊。

所以,佟南佐,我对你有那么多不能说出口的话。

"日久生情"实在不是一个普适定律,感情,根本不是时间能够左右的啊。只是我明白太晚,还将其奉作救命稻草，终究是无力回天，深陷泥沼。

佟南佐，你愿不愿意听我把话说完呢？不中途逃逸不突然打断，认认真真一字不漏地听完。在我的认知里，喜欢一个人怎么可以是一件偷偷摸摸的事呢，所以啊，听我说。

佟南佐呀，我喜欢你。

依旧感激你，赐我空欢喜。

停在夏日最后一阵晚风里

停在夏日最后一阵晚风里

倩倩猪

1

苏兰约我周末去逛步行街,彼时我正把头埋在计算机三级的题海里,我抬起头晃荡了下手里的笔,笑的含蓄,抱歉啊小兰,这周末要参加计算机三级考试。

"夏小朵,你是不是疯了,我们的本专业考试就已经够难了,你还修个计算机干吗?"苏兰总是说我学霸,说在大学你那么刻苦学习有什么用呢,还不如正儿八经谈个恋爱来得实在。

苏兰会这么说,是因为我还没有告诉她,我已经有了喜欢的人,他叫管役,他是计算机系的天才少年。

2

第一次见到管役,是在广埠屯的电脑城里,我拿着高中三年攒下的稿费去买笔记本,一个人看了联想又看苹果,看了华硕又看惠普,最后由于对电脑知识一窍不通还是拿不定主意。

当时联想店的售货员很能说,说的我几欲心动,好像买了他家的笔记本就能写出万人敬仰的大作一样。

就在我准备掏钱结账的时候,自称管役的少年出现了,拉着我的胳膊很自然的走出了电脑城。我愣愣地看着面前的少年,白衣黑裤,浓黑的眉毛,深邃的大眼,微微上扬的嘴角,就连皮肤也是女生羡慕不来的吹弹可破,我确信,我认识的人里面没有这般好看的少年。

"姑娘,你也是华科的吧?"见我愣住,管役先开了口。

"是啊,你怎么知道?"

"喏。"管役指了指我手里还没有来得及丢掉的社团宣传单,"华科几乎所有社团的宣传单都是出自我手,我自然是认得的。你好,我叫管役,计算机系的,是你的大二学长噢。"

"哦这样啊,学长好,我是大一新闻系的夏小朵。"

就这样,管役给我讲了很多电脑方面的知识,说刚才见我们好歹也是校友，不能眼看着我被商家宰了钱不是，其实那款联想笔记本，内部价可以再少五百。"

我跟着管役又进了电脑城，才知道原来他是在这里做兼职的，和老板关系还算不错，应该可以帮我拿到内部价。

买完笔记本后，我连着对他一直道谢，管役半开玩笑地说："谢谢不如请吃一顿饭来得实在吧。"

"那就这么说定了。"那天，我不仅买到了梦寐以求的笔记本，还遇到了让我怦然心动的少年。

3

遇到管役之后的半年里，我每次出门都把钱包检查一遍，确定里面有足够的现金请他吃顿饭。可是，我一切都准备好了，他好像不太记得我了，也不记得我还欠他一顿饭。

我曾经在食堂里遇到他，故意排在他的后面打饭，他回头和他朋友说笑并没有认出我；我曾经在操场跑步遇到他，故意帮他捡过他们踢出线外的足球，他只是说了谢谢并没有认出我；我曾经在图书馆遇到他，故意在他会借的书里写上自己的名字，他翻到那页看了一眼还是没有认出我。

图书馆里安安静静，管役坐在角落的位置认真地看着计算机三级的书,我坐在不远处静静的把头埋在书里,看来,他是真的不记得我了。

心里翻滚着一股不知名的气体,膨胀升华,压得我喘不过来气,到底该怎么提醒一下他呢?

窗外突然下起了小雨,我心想糟了没带伞,图书馆里已经有人陆续起身离开。身后的女生小声地讨论着三月份计算机考试的事,我认真的听着,思绪良久决定,干脆我也选修个计算机考了吧。

苏兰给我送伞过来的时候,我才发现坐在角落的管役已经不在了。

4

计算机选修课上,我总是能找到一个最佳位置,既可以偷看管役,又不会被他发现。

短短一个月,我已经把计算机三级的教科书背得滚瓜烂熟了,就连他们老师提问,我也是有问必答,有理有据。

我做这么多努力,不是因为我有多喜欢计算机,我只是爱屋及乌。我希望有一天,管役能再次注意到我,想起电脑城差点儿被人骗了的夏小朵。

只是,我怎么都没有想到,管役真的注意到了我,却是因为苏兰的缘故。

就在计算机三级考试的前一周,当我心情愉悦地走进教室时,看见管役的旁边坐着苏兰,他们有说有笑,苏兰甚至喂了管役一颗炫迈,我突然意识到了什么,转身准备离开教室。

苏兰的声音响起,"喂,小朵小朵,这里啦。"

我极度不情愿地走了过去,管役朝我笑着打了招呼,苏兰挽着他的胳膊给我介绍:"小朵,这位是我男朋友管役,我今天来陪他上课。"

苏兰的男朋友?我突然开始整理起脑子里的信息容量,苏兰的确有一个计算机专业的男朋友,苏兰也的确几次想让我们一起吃饭认识认识,苏兰跟我无数次的提过这个人,可是我那段时间的心思全在管役身上,我甚至不知道苏兰男朋友的名字。

原来苏兰的男朋友,就是管役。

我们三个人坐在私房菜吃饭的时候,我还在想,这次带了钱包,终于可以还上那顿饭了。我拿着钱包偷偷去结账的时候,苏兰刚好从卫生间出来,一脸的不可思议,"夏小朵,你居然带钱包出门了,你这个健忘鬼每次出门都是我付账你回来还我的。"

"刚巧这次记得了嘛。"

老板还没接过我递出去的钱,管役就把钱塞进了老板的手里,看着我们两个女生有点儿责备的口气,"小兰,你怎么可以让夏小朵结账,我可是男生呢。"

苏兰这才反应过来，点头应道："是啊是啊，刚光顾着奇怪钱包去了。"

我没有再去抢单，就像我没有办法告诉管役，其实这是我欠他的一顿饭。我想过无数次请管役吃饭的场景，可能是在一家不错的牛排店，可能是在一家性价比高的自助餐厅，也可能他刚好喜欢肯德基或者麦当劳，我们两个人吃完饭或许还可以一起逛逛步行街。

5

计算机三级考试的成绩出来后，我拿着那张合格证书，迎着阳光看了看上面写的字：夏小朵，参加2015年3月全国计算机等级考试（三级网络技术），成绩合格，特发此证。

这张证书在之后的日子里，之于我的意义只有一个，我曾在青春年少，风华正茂的时候，特别努力地去暗恋过一个男生，尽管最后无疾而终。

夏日来临时，苏兰还是会在周末的时候邀我陪她去逛步行街，我再也没有放过她的鸽子，就像我再也没有去过计算机教室一样，有些事情要懂得适可而止，而有些感情该放下就放下吧。

我曾听说，最好的感情应该是无论最后两个人能不能走在一起，但是因为这份喜欢能使对方变成更好的人便已足够，就像是停在夏日最后一阵晚风里。

这世上有太多原因不能让两个人在一起，比如说身高体重外貌，比如说品质性格修养，比如说家庭父母信仰，可唯独有一个原因最让人痛彻心扉，那就是——我不喜欢你。

不喜欢，所以无论如何改变如何努力，都无法抵达你的内心。

在哪里遇见你

夏南年

放学的路上书包最沉,好像天边那枚大大的橘子全部汁水都滚进了书包里。我慢吞吞走到车站,肩膀突然被拍了一下,一个陌生的声音惊喜地叫着我的小名,"糖球!"我迟疑地转过头,盯着眼前这个瘦瘦高高的男生。

"好哇糖球,几年不见你都把我忘了!"记忆一点点复苏,小时候那个傻乎乎的男孩儿和面前的少年重合,我的目光唰的明亮起来。

1

夏天的风火辣辣的热,爸爸常年出差,妈妈去工厂上班了,我百无聊赖地坐在家门前的小石阶上双手托腮望着远方。远方有云、有蓝色的天,哦,还有周小虫那张欠揍的脸正由远及近。

"糖球，上车！""吱扭"一声，一辆沾满了泥巴的自行车停在了我脚边，我鼓着嘴巴抱住头，假装看不见他。

"喂，你不会还在生气吧？"见我不理睬他，周小虫像是变魔术似的摊开手掌在我面前晃了晃。哇，大白兔奶糖，我看着他汗涔涔的手心里躺着的白色奶糖口水都要流下来了，我偷偷咽了咽，还是不理他。

"你真不理我啦？那我带小琦去城里玩好了。"说着周小虫就跨上了车，呼啦啦骑到了院子外。

哇！那怎么行？我反应过来后一下从阶梯上跳下来，周小虫走了，我一个人该多无聊，还有小琦那个从城里来的丫头，脸白得像从面缸里爬出来的，整天围着周小虫哥哥长哥哥短，就周小虫那傻乎乎的样儿，毛头小子还差不多。

"周小虫，我再也不想理你了！"大门外，周小虫的半条影儿都没有了，我冲着空气大喊，一想到几分钟后，小琦就要摇着两条小辫儿高高兴兴坐在周小虫自行车后唱起歌，我就气不打一处来。

突然，口袋里伸进一只手，我"啊"地大叫一声，一摸竟然摸出块大白兔。我伸头朝门口看，好哇，原来周小虫这家伙根本没走，正躲在门后看我笑话呢。

我一屁股坐上自行车，大片大片的树荫下风也凉爽起来，周小虫屁股离坐垫几厘米远，使劲儿骑平路，车子左摇右摆，我吓得拽住他的衣角。

"你就不能坐下来骑稳点儿吗？"我大声嚷嚷。

"糖球啊，你就不能有点儿女孩子的样子？"周小虫不满的声音传来，我几乎能想象出他皱着眉头的样子。

"你快点儿坐下来骑，发什么神经。"我一把拽着周小虫的衣角让他坐下，他惨烈地叫了一声，一下刹住了车。

周小虫终于红着脸承认，他是昨天被周阿爸狠揍了一顿，疼得根本不能坐。

我偷笑，心里想这小子活该，嘴上却甜甜的，"那你还骑车带我去城里玩？"

"不是你想吃城里的冰糖葫芦、玩面人儿吗。"周小虫好脾气地望着我，眼睛嘴巴都弯弯的，阳光也亮晶晶地落在他脸上，我突然发现，他还挺好看的。

2

我才不会无缘无故生气，周阿爸当然也不会无缘无故把他揍成那样，不然……他不心疼，我看着周小虫龇牙咧嘴的样儿还难过呢。

我知道周小虫眼馋我那套《哈利·波特》很久了，自从叔伯从城里捎来一套，我就经常假装做作业躲在抽屉里偷看。好多生字儿不认识，囫囵吞枣倒也看得津津有味，一有空儿我就跟周小虫绘声绘色地描述里面那个戴眼镜有魔杖的小男孩儿有多迷人。

"哼，还能有我迷人？"周小虫不服气，我只能用回赠他一个卫生眼。

每每讲到激动人心的故事，比如魁地奇球赛要结束的那一刻，我看着周小虫两眼放光的激动样儿，便会轻咳两声，不再言语，目光悠远地望向前方。

"后来呢？哈利赢了还是那队讨厌的巫师队？"周小虫毫不注意地把他的"爪子"放在我肩上摇着我，激动地看着我开口，学着评书里梅兰芳的语气，"啪"地扔下一颗小石子儿，"到底哈利有没有抓住金色飞贼赢得比赛？若想知道，请听下回。"

"你！"周小虫像个泄了气的皮球，瞪着我半天说不出话，我在一旁哈哈大笑，开心得打滚儿，回家少不了挨阿妈训，"怎么又把衣服沾上那么多草屑！"

天黑的时候，周小虫在树林边的小河旁带我烤虾吃，我吃得美滋滋的，一高兴又说起了哈利波特的故事，这次我讲哈利和两个小伙伴误闯进密室，快要被不知名的藤蔓勒死的那一本。

周小虫真笨啊，我都告诉他这是第一本了，他还紧张兮兮地一个劲儿问我，"哈利到底有没有死啊？"

我真想拿树枝敲他的头，"傻瓜，要是死了，后面哪来那六本他的故事啊？"可是周小虫就是纠结。

吃完虾，我心满意足地抹抹嘴巴，"周小虫，我们回去吧？"没有人回答我，四周静悄悄的，还有点儿冷飕飕的。咦？这傻小子人呢？我望了一眼漆黑的树林，那一抹即将熄灭的火光一晃一晃的，哇，我吓得直接坐在了地上。

一个幽幽的声音传来，"糖球……你到底……告不告诉我结果？"每一个发音都是扭曲的，我不想理睬这个鬼怪的声音，脑海中却像开了外挂似的，所有的白衣飘飘的鬼啊，血盆大口，还有一双神秘的眼睛躲在角落里望着我啊，我不敢回头，生怕一转身就有一个无脸人出现，简直让我毛骨悚然……

我"哇"的一声哭了。周小虫不知道从哪里跑了出来，手足无措地给我擦眼泪，我越想越委屈，哭得像个泪人。周小虫没辙了，主动背着我摇摇晃晃吃力地回家，我迷迷糊糊的，隐约记得他解释完我红得跟桃子似的眼睛后，被周阿爸拎着耳朵带回了家。

"喂，周小虫，以后你再也不准吓唬我了。"我不去城里了，和周小虫坐在河边，不时有鱼像把银梭，哗啦啦撩起一片透明的水花。

"绝对不会了。我永远保护你！"周小虫小大人似的信誓旦旦，我想他一定是怕再被周阿爸猛揍。

3

不去城里好玩的事儿也多得数不清，周小虫带着我爬高上低，扑翻跶的蝴蝶捉聒噪的知了，偷西瓜捡马炮打仗玩。那种小西瓜模样的马炮香喷喷的，越揉越软，周小虫说，马炮是坏东西，但是我喜欢，以后等他有钱了，就买一个大院子，一半种马炮，一半卖牛奶糖。当然啦，院子是给我的。

时间过得飞快，我不顾妈妈看着我的衣服和越来越黑的小脸时的表情，玩得不亦乐乎。

叔伯打来电话，大着嗓门，"你不要让糖球跟周小虫那野小子玩，越来越黑也脏兮兮的，小丫头这样以后会嫁不出去的，都玩野了。"我又羞又气，抢过妈妈手中的听筒"啪"的一声挂上电话。

我告诉周小虫，我再也不要叔伯给我的书了。周小虫还是那么傻，笑眯眯地望着我，"别啊，那我以后就再也听不到你讲故事了。"看他没心没肺的样儿，我气得不想理他。

周小虫还记得答应带我去城里的事儿，可是等真去了，我却打起了退堂鼓，城里太缤纷了，我一时有点儿接受不了，那儿好像一个有意思的孩子的天堂。

城里的东西好多啊，花花绿绿，再借我一双眼睛也不够看。那些东西还好贵，一串冰糖草莓要四块钱，我吓得吐吐舌头赶紧拉周小虫走。

"我有钱呢。"周小虫抖抖荷包里丁零当啷攒了不少时间的早饭钱，数出四枚递给那个正咧嘴笑得露出大金牙的女人，然后别过身，得意地告诉我，"以后给你买大院子的钱就靠卖冰糖草莓赚，我卖三块钱，保准有生意。"

不过草莓味的冰糖葫芦真好吃，不像山楂酸得倒牙，酸酸甜甜又多汁，可惜周小虫没这个福气，他一个草莓就吃了好久，含在嘴里不咽下去，说牙齿不好，咬不动草莓外那层糖稀。周小虫望着我吃，微微地笑，阳光散落在他眼底。

那是周小虫最后一次在我面前笑得那么漂亮，我却忘了用相机"咔嚓"一声留下来作纪念。

回去的路上有好多漂亮的鲜花，每过一会儿我就大声喊停车，跳下车采几支最鲜艳的，还偷偷在周小虫的头发上插了一支红玫瑰。哈，男孩儿插花，不被邻居笑死才怪，我躲在周小虫身后快乐得像只得逞的小老鼠。

我拿着花溜进家门，被阿妈一把揪住了，阿妈用手指头把我戳到了墙角，"就知道瞎玩，周小虫家出事了知不知道？"花一下子落了满地。

我飞快地往镇上的土医院跑，我的鞋子跑丢了，满脸黑乎乎的汗水和眼泪，我趴在一扇惨白的大门旁看到一群穿白大褂的人把周阿妈推去了一间屋子，任由死死抱住周阿妈的周小虫连哭带打也不准他进去一步。

我看到周小虫鸡窝一样的脑袋上还挂着小小的柔软的花瓣，滑稽又难过。我不知道什么是生离死别，但我挺想念周阿妈甜甜的笑容的。

不知道为什么，总觉得哭得鼻涕都流到了嘴巴里的周小虫，不会想让我看到他这副样子，于是我偷偷地跑走了，当然，临走前我没忘了把那几个白大褂停得好好的自行车扎漏了气。

做完这些我才疑惑地望着湛蓝的天空，什么时候，我开始维护周小虫那小子了呢？我的眼前呼啦啦闪现出周小虫冲我笑的样子，好漂亮，像阳光、像亮晶晶的星星、像漫山遍野零零碎碎的野花。

4

三天后，周小虫带着黑章子跑来和我告别。

"糖球，阿爸要带我去大城市了。不过不用担心，你这傻丫头我放心不下，会经常写信给你的。"周小虫认真地跟我拉钩钩。

想到这个还有余额的暑假和往后三年的初中，还有未来的未来那么多时光，周小虫都不能陪在我身边带我玩逗我笑了，我的金豆子就不值钱的往下落。

地上有小坑坑，眼泪砸在里面一下子就消失不见，我突然想起，以前我们俩一起做坏事挨揍后，还傻乎乎地试图用眼泪灌满它，淹得路过的小蚂蚁"蚁仰蚁翻。"可是周小虫要走了。

小琦跑来我家找周小虫，"我就知道你在这儿，这是我最喜欢的娃娃，送给你。"

我飞快地眼泪收回去，狠狠地瞪了小琦一眼，跑回屋里。等我再出来时，周小虫已经坐上了快要开动的大巴车。

"等一下。"我把厚厚几本《哈利·波特》塞给周小虫，"这也是我最喜欢的东西。"哦，周小虫居然娘气地红了眼睛，还伸手抹了抹我的脸，"会给你写信的，别哭啦。"

"我是因为舍不得这套书啦。"我转过头嘴硬道，阳光落在我下睫毛的泪珠上，好刺眼。

车子开起来的声音像老伯在打鼾，扬起厚厚的灰尘。

"丁零零。"邮递员的车铃响了，我吸溜一下鼻涕，想到底要不要给他一块奶糖和他成为好朋友，以后周小虫寄来的信我就可以第一时间拿到了。

可是阿妈说不用了。阿妈喜滋滋地做了一大桌饭，油焖小虾、红烧肉、烤鱼，叔伯和阿爸都回来了，没等我扑进阿爸温暖久违的怀里，阿爸说，"我们要搬去大城市了。"

"大城市是城里吗？"我仰着脸。

"比城里大得多。"阿爸很高兴,"你要上初中了,那儿的教育好。"

"整天在这疯玩,都成野丫头了,你瞅那小脸晒得跟泥鳅似的。"叔伯在旁边插嘴,我瞪着他。

我不知道大城市什么样子,我在等周小虫的信,每每听见邮递员风铃似的车铃声,我都在心里祈祷,"周小虫你快点儿给信儿插上翅膀吧,哪怕一封也好,我到了新地方,也能按上面的地址回信。"

可是一直到必须要走的那天,我也没有收到一封信。不知道是周小虫遇见了新的伙伴,根本忘记了那个叫糖球的小丫头,还是他歪歪扭扭的字迹正漂洋过海乘着八千里路云和月向我走来。

大城市有什么好呢?离开的路上,车轮扬起尘土,我托着腮想,那里的泥土一定没有镇上芬芳、星儿和月亮也一定没有镇上明朗,我和周小虫大概也要从此失散了。

我抱着小琦送给我的芭比娃娃,好像她也没有那么讨厌了……

回忆突然呼啦啦又翻涌了起来,原来命运真的像一个小小的圆圈,小时候那些美好的故事一直停在我记忆的最深处。

"喂,糖球,后来我给你寄了信,你怎么不回信啊,我等了好久,都养成了每天看信箱的习惯了。"周小虫笑眯眯地怪罪。

看着他傻乎乎的样儿，我扑哧一声笑了出来，"去旁边的奶茶店吧，我们慢慢聊。"

一瞬间，星星月亮和太阳都变成了最美好的样子，我们都没有变。

送我一枝松红梅

夏一茶

告 发

其实我不是主动上交,而是假装扫除的时候"无意间"捡到一个本子,"出于好奇"看了两眼,之后吓傻了一样捂住了嘴。要知道周三放学后,准备集体备课的班主任总会回到教室来取教案,这样,就被她撞了个正着。

她当然要询问情况,接着便拿过那本子,翻看下去,越看脸色越差:"这是谁写的?"

我诺诺地摇头,"犹豫着"指了指红梅的座位,本子上的字迹印证了我的话,一天之后,红梅的父母全被叫到了办公室,班主任叹了口气,将本子递了过去:"我不是反对学生写小说,可这武侠小说里面居然有如此残暴、血腥的情节……"

"武侠小说怎么了？"红梅非但拒不认错，还说那两页暴力情节不是自己所写，班主任要她交出合作者，她又拼命摇头，就这样全体出动追问了一个下午，最后事情只能不了了之。

那天的晚饭谁也没吃好，妈妈一个劲儿叹气，爸爸想了半晌，才憋出一句安慰的话："幸好你有两个女儿，松梅还是听话的。"

那是第一次，他们主动提起了我，看着满脸赤红、埋头苦吃的妹妹红梅，以及焦头烂额的父母，我忽然觉得自己有点儿过分了。

尤其想到李冽得知真相后也许会生气，我的心就更难过了，甚至比我发现他看红梅写的小说时更难受。

"你不是拜我为师，一起学习写作文吗？"那个自习课上，我拿着那个从李冽座位里搜出的手抄本，怒气冲冲地质问他，"现在为什么那么在意别人的故事？"

他显然不明白我为什么生气，他抢过本子，看得意犹未尽："我们同桌，学习有的是时间啊，看小说又不耽误事。再说，红梅这故事编得真有趣，不过就是小女生气息太浓，打斗场面不够激烈，让人冷眼一瞧，都看不出是武侠小说，我文笔差，又没法补充……"

话虽如此，他的手却没闲着，提笔翻页，在空白处写了两句，擦掉再写，最后干脆沮丧地将纸撕下来偷偷丢掉，下课后更是撇下我，越过几排桌椅，拿着本子去向红梅道歉，红梅嘴巴一撇，他又鞠了两躬。

我心里暗笑，可没过几分钟，红梅就摆摆手："算了，谁让你是我唯一的读者呢！"

说着，他俩同时笑起来，就像一对志同道合的青梅竹马。

可是李冽的青梅竹马是我，从幼儿园到初中，给他讲《三国演义》、陪他角色扮演《西游记》、聊心事讲道理的人都是我，究竟是什么时候开始，什么事让他慢慢地忽略我，在乎起鼓噪的红梅了？

似乎就是因为那本武侠小说。他有天来家里找我，无意发现红梅在悄悄写作，看了两眼便欲罢不能，起初我以为只是无聊的小玩意儿，直到我问起里面内容，他支支吾吾地答："红梅说这是秘密，不能告诉你。"

我以为这句话只会被用在我与他以外的第三个人身上。

"所以你就用他扯下来的那两页纸，写了格外'劲爆'的内容，夹在了我的小说里面，故意给班主任发现，让她联合父母来骂我！"

红梅不愧和我是双胞胎姐妹，一眼就看出了我的伎俩，回到房间后，她又气又恨地瞪着我，在等一个说法，可我有什么好说的？

比这过分的事，她对我又不是没做过。

意　外

　　学校里总是藏不住新闻的，小说事件瞬间传遍了整个年级。

　　大家对红梅议论纷纷："就是那个女生，表面文文静静，写起武侠打斗却残忍得很……"

　　"不是残忍！是酷！"

　　奇怪，不仅没人被她吓到，就连李洌也认为她更酷了。外班的同学更像终于见光的小鸟一样飞到我班门前，叽叽喳喳地想找她聊天，连带着也说起了我："那就是她的双胞胎姐姐。"

　　"一点儿不酷，没什么出奇的。"……

　　总是这样。我的能量似乎在出生之前就被红梅吸走了。

　　我姓宋，本该有个同姓氏一样文艺的名字，可因为同胞妹妹的缘故，做植物研究的爸爸给我们起了这样土气奇葩、与时代不符的称呼。

　　他说松红梅是一种美好的植物，怎奈，我却一次也没体会到它的美好。

　　红梅倒是从小就懂得利用谐音，奶声奶气地和初见面的人逗趣："我叫'孙红雷'。"

　　对方哈哈一笑，记住了她的名字和诙谐的样子，可到我这里，人家就不禁皱眉，以为我说不好叠音，是个结巴。

久而久之，我变得愈加沉默、木讷，红梅却更加活泼、可人，大家都喜欢她，向着她，她也仗着这份喜欢，肆意做着坏事。

她不喜欢看书，每次买了一堆回来就放在那招灰，甚至有的随手一丢，不知去了哪里，爸妈因此说她，她就往我身上一推："《基督山伯爵》吗？我借给姐姐了，她说要先看……"

跟着，父母就不分青红皂白地埋怨起我来，我哭都没用，辩解更没用。

上学之后，她的作文水平不高，爸妈特地养了小豚鼠，希望她能悉心观察，做好日记，可她连食物和水都不喂，半月下来竟活活将其饿死了，爸爸从外地出差回来后问起，她居然说是"被姐姐喂多了撑死的"，还边说边哭，大家忙着安慰她，谁也没注意到我的手指向未开封的鼠粮袋子。

总是这样。总是这样。

更可恶的是，我所在的"校写作兴趣联盟"居然因此邀请红梅加入活动，当天李洌还以"红梅刚加入、不熟悉"为由，转去了她的座位，"联盟"里的成员也在看过她的武侠小说后交口称赞，而他们赞颂的，竟大多是我所写的那两页！

"虽然看上去有些恐怖，但那段描写真是动人极了，句子也相当有哲理！"

李冽夸起人真是不遗余力，望着红梅飘飘然的样子，我简直气不打一处来，终于，机会来了，李冽夸着夸着，竟引用起里面的句子："'世界上并无所谓的快乐，也无所谓的痛苦……'"

"这是《基督山伯爵》里的名句。"我清了下嗓子，"据我所知，红梅根本没看过那本书，怎么可能引用里面的句子呢？"

屋子静下来，都等待着下文。可还没等我兜底，红梅却在众目睽睽之下，朗声背诵了那整段的经典片段，末了还饶有深意地笑了笑："我姐就这样，你们别介意。"

是在说我嫉妒心强吗："我只是奇怪你作文功底那么差，怎么那两页描写会那么好。"

"你说的是当年啊！"她似早有准备，不看我，只看大家，"我之前作文写得特别烂，家里总让我下功夫，可能是上初中忽然开了窍吧，这说明只要肯努力，一切都有可能——我就是最好的例子。"

竟有人为这话鼓起掌来。回头间，我看到李冽冷漠的眼神，好像我再也不是他认识的那个人，让我很是悲伤。

可更悲哀的是，事后我说出那两页纸的来龙去脉，李冽却只是淡淡摇摇头："你是怕我今后不认你这师父吧？放心，你永远是我师父！说不定还能教教红梅呢。"

"这是她教你说的吧？"我终于明白红梅背着我对和他讲过什么了。

现在，连他也不相信、不帮着我，连他也完全站到她那边——我该怎么办？

证　　明

我问红梅到底怎样才能说出真相，她只冷笑："别害人不成又想占便宜！这么希望被认可，就也去编一个好了。反正你认定我的故事好看，全是你的功劳。"

她的话有道理，我可以写出让同学们惊讶的情节，为什么不能写出比红梅那本武侠好一万倍的小说？

想到便做。从那天起我开始构思自己的故事，课上也想课下也写，觉得不好就推翻了重做，如此连续被任课老师们逮到好几次，也训了好几次。

即便如此，故事拿到李洌手里，只看两眼就被搁置了，我追问之下，他无奈地摊手："故事倒比红梅的狗血残暴，可就是不好看，连模仿她的幽默段子都显得很拙劣。好好听课不行吗，干吗非要学红梅写小说呢？"

我不知如何对他讲，可小说写糟了就不能示人，只好将底稿们默默藏到了书包夹层里，忽然，我在那里摸到了几张薄纸，心中不免一动。

下午"写作联盟"活动课上，又有同学谈起红梅的武侠小说，那是个做事认真的家伙，似乎回去后想了很多，因此也就看出了些问题："主角在不久前已折了腿、不能用轻功，可接下来那两页精彩的搏斗中，轻功使得却十分了得，这是不是bug？"

红梅被问得哑口无言，这真是爆出真相的好机会。我装作漫不经心地接茬道："我没仔细阅读此前的内容就续写了那部分情节，因此搞出了几处岔子，真难为情。"

"那两页是你写的？"有人肯问，我立刻顺水推舟，亮出了在书包夹层里找到的底稿作证据："可不是。我写东西慢，那两页看似寻常的情节，可是费了好大周章才成功的呢！"

"那红梅是冒名顶替咯？"

所有人都在等红梅做解释，她却忽地一下站起身，头也不回地往教室外跑去，只留下一团尴尬的场景。我以为会有人站出来指责她、安慰我，可他们却又同时想起了书稿被班主任发现的因果，看我的眼神也古怪起来："这两姐妹怎么跟宫心计似的。"

"多亏我是独生子女，这样更不敢让我妈帮我生小弟弟了！"

"哪有这么当姐姐的，妹妹怎么得罪她了？"

指责如剑，让我坐也不是站也不是，尤其当我看到李冽追着红梅跑了出去，也忍不住奔出教室，我看见他们在教学楼外的石阶上，李冽似乎在劝她，见我走过去，两人都不再说话。

那感觉别提有多差。可错只在我一个人身上吗？

红梅转身又要走，我急着把事说清楚，想上前拉她，只是，手指没等触到她的胳膊，她就一个趔趄，从石阶上摔了下去，重重地坐到了地上，疼得龇牙咧嘴。

"你到底想干吗？"李冽一边去扶红梅，一边气得冲我大吼，我怔怔地望着他们，心一下子全凉了："我明明没有碰到……红梅，你心里有数吧？"

可那有什么用？她装作一副受害者的样子，根本不理我，被李冽送去医务室后大哭，让班主任来"教育"我，回到家后又把事情添油加醋讲给了父母，并且坚决不肯和我再住一个屋子："我怕被姐姐害死！"

爸妈不分青红皂白地训斥了我，我百口莫辩，一气之下指着红梅问："你们明明知道她在撒娇，知道她究竟做过什么，为什么从小到大你们就只向着她，难道只有她是亲生的吗！"

谁知，换来的却是："你回屋去反省！"

我还要反省什么？唯一欣赏自己的朋友没了，爸妈的关爱也从没体会过，连好听的名字都没有……这难道仅仅因为我是姐姐？我们是双胞胎家庭？

正想着，隔着门，我竟听到妈妈在劝慰红梅："你一直很努力，凡事也想着姐姐，只是表达方式有问题……"

好吧，她永远是你们的乖女儿，你们有她一个就够了，至于我……还是趁早离开吧。

双　生

我拿出了自己的零用钱，又翻找出换洗的衣服和要读的书，就在我抽书的同时，一张夹在红梅的《基督山伯爵》里的照片掉了出来，那是一支盛放春雪当中的松红梅。

一支枝条，两朵花，上面的深紫，下面的艳红。我想起爸爸的话："这植物很神奇，一棵树上会开出几种不同的花色，甚至一支上面的花朵也不尽相同。"

这就是我们名字的来历，我当时听后嗤之以鼻，红梅却因此郑重其事地上网找来同枝不同色的花朵图片，还将它打印出来做成了书签。

她就是这么会讨父母喜欢。可不知为什么，想起这件事，我竟感到心头一暖，那时她似乎说过一句话："我和姐姐是注定要在一起的，就算性格和外表都不一样。"

可现在，我们却成了注定的冤家。

我不敢多想下去，听屋外声音渐消，父母和她都睡下来，赶忙收拾好东西，偷偷摸摸离开了家，我一个人在黑暗和寒风中哆哆嗦嗦地前行，又烦恼又害怕，好不容易找到一家旅店，人家看了身份证后，直问我父母的电话："小姑娘，有什么想不开的，这样多危险啊！"

谁能想到是他们不要我了呢？我忍不住委屈，痛哭起来，那人见我可怜，找来经理，决定将我留下，天快蒙蒙亮的时候我终于有了一丝睡意，一觉醒来后，却发现父母和李冽站在我的床前："松梅，你怎么这么傻！"

原来半夜时睡在客厅的红梅上完厕所后，习惯性地走回到我和她的小房间，爬床时忽然意识到睡在下铺的我消失了，她赶紧告诉父母，大家都吓坏了，红梅以为我会跑去李冽家发牢骚，可通电李家后所有人都傻了，一刻不停地报案、寻找，李冽及其家长和我的爸妈几乎整宿都没合眼……

"你还真小气！"李冽早就看穿了我的心思，只是他总觉得事情还有回还余地，到如今才明白不能，"以前你说什么都不让红梅和我们玩，最近她找我商量，想加入我们，我想你作文写得那么好，就让她也写点儿什么，引起你的兴趣，结果事情却变成了这样……都怪我。"

什么？我惊讶之际，妈妈走过来，拉住了我的手："我和你爸只记得小时候你乖巧懂事，会保护自己，红梅总是生病，做事迷糊，让人担心，就把心思都放在了她身上，我们想让'天平平衡'，家人都好，可是却忽略了你、伤害了你。"

做父母的当然知道谁更优秀、更明理，可家本就不是比谁优秀、谁明理的地方。

我再也无法责怪爸妈偏心、好友背弃，想到此前的种种，真是难为情，我埋下脸去，忽然想起了什么："红梅呢？"

"她……"爸妈不知如何解释，李冽也有些犹豫："今天周末，她和盟友们去郊游了。"

我真是个傻子，竟和这样不在意自己的人动气。想着，我感到胸口像被什么东西砸碎了一样地疼，我决定从今而后做好父母的女儿、李冽的朋友，不再理会与己无关的人，于是回到家后我只是和红梅礼貌性地打了招呼，什么深入的话都没说。

也许是不愿再面对得知真相的盟友，周一之后红梅自动退出了"写作联盟"，转而经由李冽推荐到了业余女子篮球队，望着空出的那张桌子，我心里有些说不出的滋味。

李冽看着我，想了半天，说："其实她不去找你，跑去参加活动，是想和盟友们说清楚，她怕他们误会你……是个坏女生。"

我知道。"写作联盟"上也有人提起此事，他们说红梅羡慕我会写故事，敏感多思："她说姐姐是有误会，不是完全错，倒是她一时被艳羡的目光迷了眼，谎称那段情节是自己编的，让姐姐很难过，后来又因为怕姐姐追究，假意摔伤了腿，没想到事情变得更加复杂了。"

真是这么说的？她也太傻了！我跑去问红梅，她却红着脸不回答，直到我再次提起松红梅的意义，爸爸对我们给予的希望,她才怔怔地抬起脸:"有这事儿?我早忘了!"

　　她就是这样糊涂,从不会长久记得复杂的事,可就算如此,当我去看她们的篮球训练,坐在场外百无聊赖时,她依旧跑过来,从训练背包里掏出了一本书:"《基督山伯爵》!是你最喜欢的吧!"

　　那一瞬间,我终于敢肯定:她也许是很关心我的,就像我在心底也有那么一点儿在乎她一样。

　　只是,我们的方式总是自己才懂,总是那么别扭、那么不被对方认可罢了。

曾为你把整片天空都看透

陈小艾

有件疯狂的小事，与你有关

林悄然没想到，这辈子第一次在公开场合被气哭，这个人居然是梁远毅。那天早读课前，班里有人捡到了林悄然的日记本，她在里面慷慨激昂地勾画着自己的梦想，她居然梦想当一名空姐。

那是2006年，在那所闭塞的北方小城的高中校园里，说出当空姐这样的话，简直天马行空。更重要的是，林悄然矮而微胖，顶着一张婴儿肥的脸，实在让人无法将她与那些面容姣好的细高个儿美女联系在一起。

班里传出来的哄笑声让她无地自容，但更令她难过的是人群中传来的这么一句话："做做白日梦也无可厚非，又不用交费。"

这句话她听得真真切切,来自梁远毅。她噙着泪冲进教室抢回了日记本,重重地摔到梁远毅桌子上,"我就做白日梦怎么了,也不用你来点醒我!"

梁远毅有些错愕,不过是一句无心的玩笑话,没想到会令她那么在意。

林悄然断断续续哭了一节课,坐在后排的梁远毅一直在苦思冥想该怎么请求她的原谅。就在他的道歉纸条被林悄然第5次扔回来时,梁远毅在上面加了这么一句话:晚上请你去吃麻辣烫吧。

林悄然破涕为笑,转头说好。

林悄然饭量极大,选了满满一大碗,风卷残云般扫荡一空,作为一个天生的吃货,她对梁远毅的怨气随着那顿麻辣烫被一起咽进了肚子里。梁远毅坐在对面,微微蹙眉:"林悄然,你如果瘦下来还是挺好看的。"

意识到说错了话,梁远毅很快又补上一句:"我的意思是,如果你瘦一点儿,你当空姐的梦想也许能实现。"

林悄然摔了筷子跑出去,意识到又说错话的梁远毅在后面一边追一边喊她,这一幕正巧被执勤老师抓了个正着。

虽然事后两人由于没有假条私自出校门被全校通报,但林悄然还是心里美滋滋的,因为像梁远毅那种一心只读圣贤书的学霸,第一次做这种疯狂的事,居然是跟自己一起。

她的一个请求，他会细心记好久

违纪事件之后梁远毅跟林悄然又退回到各自的生活中去，他继续做他的高智商学霸，她则继续沉溺在自己的小世界里做梦。

初夏时梁远毅要代表学校去广州参加物理竞赛，路途遥远，需要坐飞机去广州。临行前林悄然找到梁远毅，犹豫了许久吞吞吐吐地请求他拍一张飞机上的照片给她，"我想看看现实中的空姐都长什么样。"

他欣然答应帮林悄然这个忙，她高兴到忘了说声"谢谢"便兔子一样跑开了。

这时候的林悄然比之前长高了一小截，瘦了一点儿，头发长到了齐肩，安静时倒也一副乖巧伶俐的样子。

梁远毅在那次竞赛中意外失利，只拿到一个三等奖，学校希望他拿一等奖的厚望成了泡影。从广州回去的飞机上，陪他参赛的妈妈有些闷闷不乐，倒是梁远毅的兴致好像没有受到太大影响，他赶在起飞前掏出手机拍了张空姐的照片。飞机舱内光线不错，梁远毅满意地将手机关机塞到书包里。

回到小城后，梁远毅第一件事就是跑到照相馆将那张照片冲洗了出来，由于手机像素不高，有些模糊，但他还是宝贝似的揣到了怀里。

梁远毅设想过好多次该以怎样的方式将这张照片送给林悄然，要假装云淡风轻，不能表现得太刻意，倒是林悄然好像将之前请求过他帮忙拍照片这回事儿忘得一干二净了。

　　那天中午放学后，林悄然一反常态没有立马冲到食堂抢饭，而是一直趴在座位上。

　　梁远毅拍了她后背几下，扶着她肩膀让她坐起来，这才发现她出了一身的虚汗头发都湿透了，脸色苍白嘴唇没有一点儿血色，好久才费力地挤出几个字："我好像……肠胃炎犯了。"

　　梁远毅二话不说便背着她去了校医院，打完吊瓶后，林悄然的状态好了一些。她苦笑着说："得好好吃饭，我这肠胃真是经不起折腾了。"

　　原来林悄然为了尽快甩掉婴儿肥，这段时间她不仅在坚持运动，还一直在偷偷控制食量。梁远毅从兜里掏出那张照片递给她，"身子要紧，你一定会梦想成真的。"

外面的世界那么大，她不要一辈子窝在这里坐井观天

　　梁远毅从飞机上拍的那张空姐照片一直被她细心地放在日记本的夹层里，每天她都会摩挲着照片暗暗给自己鼓劲儿。

　　如果不是后来偶然被妈妈发现，林悄然一定会将这

个梦想默默揣在心底。那天早饭后她发现书包里的日记本不见了踪影，打算找妈妈询问时正好迎上了她怒气冲冲的脸。

"小小年纪不好好学习天天做白日梦，我说你这成绩怎么一直没见有起色呢！我跟你爸天天累死累活地供你念书，你倒是好，还想当空姐，你咋不去当电影明星啊！"妈妈一边生气地数落着她，一边把日记本摔到她面前，里面的那张照片被她撕成了碎片，像恹恹的蝴蝶，扑腾着落到地上。

后来妈妈又说了什么林悄然不记得了，只记得她最后的咆哮中夹带了哭腔，那天早上林悄然请假没有去上学，母女二人静静坐了好久，最后妈妈沉默地起身走了出去。

她一屁股蹲坐在窗边的书桌前，抬眼看到外面的一小角天空，外面的世界那么大，她不要一辈子窝在这里坐井观天。

林悄然一家住在小城西郊一条幽窄的巷子里，这些低矮的平房里住着的大都是从外地过来讨生活的人。林悄然就是在这里出生长大的。她印象中，巷子里的路一直低洼不平，刚学走路时在这跌了不少跟头，到了雨雪天，四处更是泥泞到难找一个落脚的地儿。

林悄然的妈妈在附近的市场摆摊卖炸鸡，一年到头浑身油兮兮的，她知道鸡块炸到什么火候口感最好，却理解不了女儿为何要怀有一个想当空姐的遥远梦想。

她还是一眼就从人群中认出了他

高三开始前的暑假，为了缓解大家的焦虑，学校特意拿出几天时间来组织林悄然他们这些准高三生们去邻市的海边进行素质拓展。

所谓素质拓展，就是一堆人被分成不同的小组，同组的队友齐心协力完成信任背摔、高空断桥、空中抓杠等具有挑战性的项目。分队抽签时，林悄然成功跟梁远毅分到一组。

林悄然天生有些恐高，小时候荡秋千稍微高一些都会吓得哇哇大叫，长大后情况虽然好了一些，但尝试这些高空惊险项目对她来说依旧是个不小的挑战。到了空中抓杠时，全组的人都陆陆续续挑战完成，只有她杵在那儿不肯尝试。一旁的拓展教练没了耐心："林悄然，全组的人都顺利完成了，你还要磨磨蹭蹭浪费大家时间吗？"

林悄然挪着步子往高台那里走去。梁远毅凑到她身边柔声说："别害怕，调整好节奏，跳起来的时候胳膊使劲儿伸直就能抓住单杠了，加油！想想你那个跟天空有关的梦想！"

后来林悄然忘了她从高台上腾空跃起的那一刻脑子里想的是什么，她只记得当她从高台上战战兢兢站起来时，她低头往下面看了一眼：真的好高啊！惊得她差点儿就这么掉下去，因为高台离地面比较远，下面仰头给她鼓劲儿的每一张脸都变得模糊难辨，但她还是一眼就从人群中认出了梁远毅，那天他穿了件草绿色的运动T恤，在人群中格外惹眼，她甚至迷迷糊糊中感到耳朵里灌满了他的呐喊声，就是在那一刻，她觉得浑身充满了力量。

林悄然刚从高台上下来，便听到有调皮的男生在一旁起哄："林悄然，你可算是顺利完成了这个项目，你不知道，梁远毅在下面比你还紧张呢！"

她还没从刚刚惊慌失措的状态里缓过劲儿来，只觉得眼前天旋地转的，梁远毅过来扶着她离开了拓展场地。

梁远毅带着她来到了海边，正是中午太阳最毒辣的时候，他跑去一旁的冷饮摊给她买了一杯冰镇西瓜汁。

林悄然把吸管咬得嘶嘶作响，忽然没头没脑地问了句："你说我会实现梦想吗？"

她在脱口而出的那一刻才明白，原来她已经把他当作了如此重要之人。他一句鼓励的话，都能让她闷头跑到终点看一看。

她忽然觉得他们之间应该有一个有关联的未来

在海边的最后几天，天气异常燥热，全然没有秋天即将到来的迹象。幸好他们住的拓展训练场的招待所院子里有遮天蔽日的树荫，林悄然经常能看到梁远毅每天一大早便来小树林里念书，身后不远处围墙上挂着的那些斑驳的藤蔓，也像为他布下的天然背景。

"梁远毅，你这么用功，是有什么特别远大的梦想吗？"那天林悄然终于没有按捺住好奇心。

梁远毅放下手中的书本，抬眼望了望天空，"是啊，我想考上中国最好的航天工程专业，我也有一个与天空有关的梦。"

是在那一刻，林悄然忽然郑重地觉得，他们之间应该有一个有关联的未来。

素质拓展结束回到小城后，兜头而来的高三紧张气氛很快便让大家收紧了身上的每个细胞，就连班里最顽劣的男生都收敛了不少。

在这样剑拔弩张的气氛里，自然没人注意到林悄然好像添了满腹的心事，甚至就连梁远毅都没注意到。

直到她像个谜团一样忽然消失掉，班里才有人注意到已经有好几天没见到林悄然。有人说她转学去了外地参加高考，也有人说她生了重病，各种传言满天飞，反正她也是可有可无的存在，很快这件事掀起的小涟漪也便过去了。

倒是梁远毅，趁着周末休息的时间去小城西郊那一带找过林悄然，找到她家时却发现锈迹斑斑的铁门紧锁着。他连续去了几次，每次都一无所获，邻居们也都不知道他们"蒸发"去了哪里。

六月,他顺利走过了高考。七月,他收到了北京航空航天大学的录取通知书,他好像顺遂得领了上天所有的恩赐。于是,寻找林悄然这个念头开始从他心底不时冒出来。

该去哪里寻找她呢?

他去本地贴吧里注册了一个叫"寻找林悄然"的账号,一有时间就在里面发帖子,回复的人很多,有用的信息却寥寥。

九月,梁远毅拖着一个行李箱离开小城北上求学,他终于完成了这么多年的心愿,如今在他面前有一个五彩斑斓的大世界等待他奔赴,可真正离开的那天,他心里却有一股难以言说的遗憾。

那个同样揣着一个跟天空有关的梦想的女孩儿,没有跟他一同离开。

甚至,他还不知此刻她身在哪里。

童年的纸飞机,飞去了哪里

进入大学后,因为学的是梦寐以求的航天工程专业,梁远毅觉得浑身都充满了干劲儿。

小时候,梁远毅和几个在同一个大院里长大的小伙伴会在风和日丽的时候比赛折纸飞机,每个人用不同颜色的纸,看谁的飞机飞得最远,每次梁远毅都能轻松取胜。

面对大家崇拜的眼神儿,小小年纪的梁远毅说,将来他要造出真正的飞机,可以飞上天空的那种。

每当说起这个梦想,他收获到的永远是无尽的嘲笑。只有叶媛媛会在哄闹声散去时走到梁远毅身边,认真听他天马行空地讲述心底的梦想。

"那等你将来造出了真正的飞机,可以带着我去玩吗?"她侧过脑袋,一脸认真地问。

"当然,你想去哪里就带你去哪里。"

"好!"空旷的院子里只有叶媛媛一个人把小手拍得生疼为他这个梦想鼓掌,"那将来等你造出飞机,我就做你飞机上的空姐,像电视上那种永远穿着漂亮制服的空姐!"

只是后来,叶媛媛没有看到梁远毅实现梦想的那一天。上小学时,叶媛媛的父母因为工作调动,离开了小城,叶媛媛也便从那个装满欢声笑语的大院里离开了。后来叶媛媛又随父母辗转过多个地方,渐渐地就跟梁远毅他们断了联系。

林悄然是梁远毅见过的第二个想当空姐的女生。他没有陪她一同长大,对她的过去一无所知,但看到她一直笨拙地坚持着那个并不被众人看好的梦想,就如同一直在永无止境的泥沼里疲惫不堪地赶路时,他想祈求上天把全部的幸运都给她。

因为这个笨拙又固执的女孩儿,总让他想到童年时的玩伴叶媛媛。

上大学后，梁远毅依旧会在忙碌的功课之余寻找林悄然，他到不同的高校贴吧里，发帖子问新入学的大一空乘专业新生里，有没有一个叫林悄然的女生。

这世上同名同姓的人那么多，开设空乘专业的学校那么多，更何况林悄然就算如期参加了高考未必会真的报考空乘专业，他这样在茫茫人海中寻找一个人，就如同海底捞针，但即便是这样，他也想碰碰运气试一试。

梁远毅没想到，他没有找到林悄然，却意外等到了失联多年的叶媛媛。

叶媛媛来学校找他那天，他正在宿舍里琢磨一道高数题，舍友进来喊他说楼下有人找。梁远毅疑惑地问是谁，对方笑着说："看样子不像是咱们学校的，只说是你老乡，是个女生，挺漂亮的！"

梁远毅换了鞋便往楼下跑，却在到了宿舍楼下时脚步戛然停下。

叶媛媛穿一条宝蓝色的长裙，长直发披在肩上，清瘦高挑，站在那儿吸引了不少周围人的目光。

"媛媛……你是媛媛！"梁远毅有些不敢相信自己的眼睛。

"是我啊，远毅哥哥，我看到你在我们学校贴吧里发的寻人帖了，虽然找的不是我，但我却因此找到了你。"叶媛媛俏皮地说。

天大地大，他还会继续找她

久别重逢是一件令人高兴的事，那天下午他们一直聊到很晚。

分开的这些年，叶嫒嫒的人生就像酿了一坛浓酒，她迫不及待想将之打开，与梁远毅一饮而尽。

曾经他们也是一起嬉笑打闹的玩伴，如今梁远毅望着眼前熟悉又有些陌生的叶嫒嫒，他自然读得懂她眼睛里快要溢出来的潮湿爱意，可他，只能假装不懂。

如果命运这双大手不曾将他们推入人海斩断联系，这些年他们一直陪伴彼此长大，他们之间也许会有故事发生，一切水到渠成。但毕竟时光是一条河，将他们分隔到两岸，这些年他们遇上了不同的人，经历了不同的故事，彼此错失的那段人生他们都无从参与。

拒绝叶嫒嫒那天，北京落了那年冬天的第一场雪。

临走时叶嫒嫒问："你还要继续寻找林悄然吗？"

梁远毅一脸坦荡，像是在陈述一个早有答案的既定事实："我会继续找下去。"

如今他才明白，叶嫒嫒对他来说，更像是亲人，但却始终不是他心心念念牵挂着的那个人。

大二那年，因为功课关系，他们社会实践的地方跟机场离得很近，经常一抬头就能看到飞机从天上呼啸而过。

没事的时候，梁远毅就喜欢仰头望着天空出神，有同学跟他开玩笑，"梁远毅，你颈椎不好啊？"

因为点击量有限，时间久了，梁远毅在贴吧里发布的那些寻人的帖子大都沉了下去，收到的回复越来越少，有持续关注很久的吧友甚至经常劝他不要再找下去了，世界这么大，这么毫无头绪地去找一个人，成功的概率太渺茫了。

觉得疲惫的时候，他就抬头望一望天空。

简单而美好。

天大地大，他还会继续寻找下去，等找到她的那天，他要将那句在心底酝酿了很久的话，说给她听。